AUTOAYUDA

Decir "no"

Asha Phillips

Decir "no"

Traducción de
Eduardo G. Murillo

PLAZA & JANÉS EDITORES, S.A.

Título original: *Saying No*

Primera edición: febrero, 2001

© 1999, Asha Phillips
© de la traducción: Daisy Flowers
© 2001, Plaza & Janés Editores, S. A.
   Travessera de Gràcia, 47-49. 08021 Barcelona

Queda rigurosamente prohibida, sin la autorización escrita de los titulares del «Copyright», bajo las sanciones establecidas en las leyes, la reproducción parcial o total de esta obra por cualquier medio o procedimiento, comprendidos la reprografía y el tratamiento informático, y la distribución de ejemplares de ella mediante alquiler o préstamo públicos.

Printed in Spain – Impreso en España

ISBN: 84-01-37728-5
Depósito legal: B. 5.731 - 2001

Fotocomposición: Lozano Faisano, S. L.

Impreso en A & M Gràfic, S. L.
Santa Perpètua de Mogoda (Barcelona)

L 377285

Para Trevor, Sushila y Holly

ÍNDICE

Agradecimientos 13
Introducción 17

1. BEBÉS 21
    Interpretar las necesidades 25
    Interacción: Armonía y discordancia 29
    Seres diferentes 33
    Consuelo instantáneo 34
        Sueño 35
        Comida 38
        Acción y excitación 43
    Separación 47
        La hora de acostarse 48
        El destete 51
    ¿Por qué es difícil decir «no»? 54
        El llanto 54
        Desenmarañar los sentimientos 57
        Fantasmas en la habitación de los niños 59
        La aflicción 60
    Más allá de la ecuación madre-hijo 63
        Padres y otros 63
        Puericultura 64
    Resumen 67

2. DE DOS A CINCO AÑOS 69
    El reino mágico 71
    Fijar límites 74

El problema de la coherencia	76
Castigos	82
No decir nunca «no»	83
Los beneficios de los límites	92
Sentirse seguro	92
Fortalecerse	94
La lucha contra los límites	95
Rabietas	95
Los padres como monstruos	96
Ira	97
Agresividad	100
Odio y amor	101
Límites cotidianos	103
Separación	103
El sueño	105
Comida	108
La espera	109
Comportamiento destructivo	111
Modales	111
Nuestro lugar en la familia	113
Dejar sitio a los hermanos	114
Cuando decir «No» es especialmente duro . . .	115
Ayuda y apoyo	118
Resumen	118
3. LOS AÑOS DE LA ESCUELA PRIMARIA	121
Un mundo nuevo	123
Normas en la escuela y en casa	125
No me trates como a un niño	127
¿Es el mismo niño?	129
Razón y lógica	133
Conflictos	135
Rivalidad entre hermanos	135
Un sentido del tiempo	139
Expectativas	142
Creciente independencia	153
Ser diferente	156

Nuestra respuesta a los conflictos 158
    Escuchar 159
    Permanecer en el presente 162
    La culpa 163
    Espejito, espejito 169
Castigos 170
Resumen 172

4. ADOLESCENTES 175
   Una época de transformación 177
    Hay un extraño en mi cuerpo 178
    El hogar: una base segura 179
   Límites razonables 181
    Mostrarse firme 185
    El papel de los padres 187
   Una identidad diferente 193
    ¡Los padres nunca tienen razón! 197
    Aprender de nuestros hijos 198
    Amor verdadero 200
    La sexualidad 203
   Aceptar la diferencia 206
    Uno de la banda 212
    Extraviarse 214
    Realizar nuestros sueños 216
   Una segunda oportunidad 217
   Resumen 220

EPÍLOGO: PAREJAS 221
   El «sí» como dádiva 223
   La sala de los espejos 225
    Fantasmas 226
   Juntos pero diferentes 228

Citas bibliográficas 231

AGRADECIMIENTOS

Desgranar los agradecimientos convierte este libro en algo más real para mí que las horas dedicadas a escribirlo.

En primer lugar, deseo dar las gracias a Matthew Evans, de Faber, por convencerme de que podía hacerlo. Estoy especialmente agradecida a Daphne Tagg, que al preparar el original con su peculiar sensibilidad dio forma a lo que, en algunos fragmentos, debían ser pensamientos dispersos. Mi más sincera gratitud a mi editora, Clare Reihill, que me prestó en todo momento su apoyo y aliento. Ha cuidado de mí y de la producción de este libro en cada paso del proceso, y me siento en deuda con ella.

Agradezco a mis estudiantes que me permitieran utilizar el material que habían presentado para supervisión. He tenido la suerte de acceder, gracias a ellos, a ambientes muy diversos, y me han facilitado la oportunidad de continuar aprendiendo.

Me gustaría dar las gracias a todos los niños, familias y parejas que he visitado, por compartir sus problemas conmigo y apoyar la difícil empresa colectiva de la terapia, que aporta los cambios.

Muchos amigos y colegas me han brindado su apoyo, pero por desgracia no puedo mencionarlos a todos. Sue Reid, que fue mi tutora y supervisora personal hace muchos años en la Tavistock Clinic, me alentó a encontrar mi propio estilo y confiar en mi corazón, así como en mi mente, en mi trabajo con los niños. Sus enseñanzas me inspiraron, y le doy las gracias por eso y por su inquebrantable amistad. El doctor Claude Wedeles me dio y enseñó más de lo que puedo expresar. Su perspicacia, humor y afecto como psicoanalista me hicieron sentir apoyada y acompañada durante todo mi viaje de descubrimiento.

Doy las gracias a la doctora Gill Stern, que me proporcionó ejemplos de casos, y a Gill Markless, por sus valiosos y útiles comentarios. Me gustaría expresar mi gratitud en particular a Janine Sternberg, que leyó sin acobardarse todos los borradores, me dio consejos por teléfono y siempre encontró tiempo para comentar los textos enviados por fax sin demora. Durante nuestras numerosas conversaciones, me ayudó a dar forma a mis pensamientos.

También me siento en deuda con mis padres, Jean y Freny Bhownagary, y con mi hermana Janine Bharucha, por sus críticas, estímulo y sugerencias.

Deseo dar las gracias a mi marido, Trevor, por alentarme a creer que existía un libro en una idea a la cual tal vez no habría prestado atención.

Mis hijas han contribuido por encima de todo, pues con ellas he tenido que aprender de la experiencia. Las dos me han ofrecido en todo su momento su ayuda, así como ideas y preguntas. También han tolerado mi preocupación por el libro con buen humor y soportado comidas preparadas, tentempiés y bocadillos porque no tenía tiempo de cocinar. ¡Gracias!

A. P.

A mis hijas

Donde fluye el río de vuestra vida
junto a las orillas de vuestras verdes horas,
yo me he erguido como un árbol
que vigila sus flores primaverales.

Todo lo demás pueden parecer mentiras:
esta magia que me ha sido concedida,
ver reflejadas en aguas nuevas
la salida de los soles
y las lunas que flotan en el misterio de jóvenes ojos.

Freny Bhownagary[1]

INTRODUCCIÓN

> Un repertorio puede ser más útil que una convicción, sobre todo si uno no olvida que hay muchas clases de buena vida.
>
> ADAM PHILLIPS,
> *On Kissing, Tickling and Being Bored*[2]

Parece evidente que deberíamos decir «no» en determinados momentos, pero la premisa común es que deberíamos decir «sí» siempre que fuera posible. Existe la norma no escrita de que, si eres cariñosa, solícita, educada o atenta, nunca dices «no». Ha invadido casi todas las facetas de la vida, desde la intimidad de nuestro hogar hasta la esfera pública de la política. Incluso determinada propaganda anuncia «el banco que prefiere decir "sí"». En mi trabajo clínico como psicoterapeuta infantil suelo tratar a familias con grandes dificultades para decir «no», lo que contribuye a aumentar sus problemas. También soy consciente de que mis amigas y yo nos resistimos a decir «no».

Creo que decir siempre «sí» no resulta útil. Cuando no decimos «no» en el momento adecuado, tal vez usurpamos capacidades y recursos tanto a nosotros como a nuestros seres queridos. Tal vez nos coartamos cuando no estiramos nuestros «músculos emocionales». Decir «no» no equivale a ningunear o aplastar a otra persona. De hecho puede demostrar la creencia en la energía y aptitudes de los demás. Es un corolario necesario de decir «sí»: ambos son fundamentales. Este libro se concentra en lo que significa decir «no» en el contexto familiar, y por qué es esencial.

Según la filosofía de la época, se ha descrito a los niños desde diversos ángulos, y el papel de los padres ha cambiado en sintonía. Se les ha retratado como criaturas salvajes que necesitaban ser civilizadas, como en *El señor de las moscas*, de William Golding, o bien como páginas en blanco, material que debía manipularse de la forma más conveniente. También han sido representados como seres buenos por naturaleza, que maduraban mediante el estímulo y la educación, a imagen del buen salvaje que pintaba el filósofo del siglo XVIII Jean-Jacques Rousseau. Vivimos una renovación de esta imagen en los años sesenta, con el mantra *All you need is love*. Estas posturas se han repetido de una manera cíclica en el tiempo y aparecen con desigual importancia en diversas culturas.

Es inevitable que el abordaje de la educación infantil refleje estos puntos de vista fluctuantes. Contamos con estilos muy reglamentados, dirigidos por adultos, imbuidos de la creencia de que los padres deberían organizar y controlar el comportamiento de sus hijos, como las pautas de sueño y alimentación cada cuatro horas. También hemos experimentado las ahora habituales costumbres de ceder la iniciativa a los niños o bebés. A partir de los sesenta, este estilo liberal impregnó nuestras actitudes hacia ellos, tanto en casa como en el colegio. Alimentábamos al bebé cuando éste lo pedía y teníamos planes educativos muy abiertos, centrados en los pequeños, cuyo ejemplo más radical es la escuela Summerhill de A. S. Neill, en Suffolk. Lo que resulta claro es que, transcurrido el tiempo, nuestra forma de tratarles ha cambiado. En la actualidad vivimos en un período que no está dominado por un abordaje específico. La generación de los niños «Spock», cuyos padres creían seguir las recomendaciones del doctor Benjamin Spock* en los años cincuenta, no tiene equivalente. Al igual que en música o moda, no existe un estilo específico de la década de los noventa. Esto abre un espacio más creativo, en que podemos tomar nuestras propias decisiones. También provoca que muchos padres se sientan confusos.

Creo que buscamos soluciones familiares y cercanas para muchos de nuestros problemas. Uno de mis cuentos favoritos procede de los sufíes, que emplean chistes y narraciones protagonizadas por una figura llamada Mulla Nasrudin para ilustrar puntos filosóficos, y también para divertirse. El cuento reza así:

---

* Pediatra estadounidense cuyas teorías animaron a las madres a demostrar más afecto a sus hijos, dando un giro a la trayectoria de la puericultura después de la Segunda Guerra Mundial. (*N. de la T.*)

Un hombre vio a Nasrudin buscar algo en el suelo delante de su casa.
—¿Qué has perdido, Mulla? —preguntó.
—Mi llave —respondió Mulla.
Ambos se arrodillaron y la buscaron. Al cabo de un rato el otro hombre preguntó:
—¿Dónde se te cayó exactamente?
—En mi casa.
—¿Y por qué la buscas aquí?
—Porque hay más luz.[3]

Como Mulla Nasrudin, buscamos donde hay más luz. De esta forma damos vueltas y más vueltas, consideramos argumentos circulares y repetitivos, así como pensamientos familiares, sin llegar a ningún sitio. Espero que este libro ayude a los lectores a aventurarse en su casa y buscar la llave donde sea más factible encontrarla.

Éste no es un libro de recetas para aprender a decir «no». Su objetivo es ayudarte a pensar en ti y tu familia en relación con la capacidad de decir «no». Creo que si entendemos nuestro comportamiento, así como el efecto que obra en los demás, tenemos más elecciones en nuestra vida. Es inevitable que un libro de esta clase tienda a concentrarse en nuestros esfuerzos y en la causa por la que cometemos errores, pero pretendo hacer hincapié en los procesos, es decir, en el desarrollo y el cambio. Con esto en la mente, no existe una solución universal a nuestros problemas. Lo que cuenta es encontrar nuestros propios medios, cuanto más numerosos, mejor. Como psicoterapeuta, creo firmemente en la madurez y en la flexibilidad de los seres humanos. Como padres o profesores, cuando leemos acerca de los problemas que afrontan las familias, nos preocupamos a menudo por los errores que podamos cometer, susceptibles de arruinar las vidas de los niños que están a nuestro cuidado. Siempre es importante recordar que la gente está abierta al cambio y que ninguna dificultad se perpetúa.

El libro está dividido en capítulos basados en la edad. No se trata de fases separadas e independientes, sino que cada capítulo estudia lo que predomina en una edad concreta. Los principios aplicados en cada sección son válidos para todas las edades. Es posible consultar el capítulo que más interesa sin necesidad de leer todo el libro. No obstante, recomiendo la lectura del primero, centrado en los bebés, porque explica gran parte de la filosofía que se seguirá en adelante.

Con el fin de proteger la confidencialidad, se han alterado nombres y detalles para disfrazar individuos y familias, que de esta forma serán irreconocibles, salvo tal vez para ellos. Los casos que se presentan obedecen a propósitos ilustrativos y a veces constituyen una mezcla de la historia de varias personas. Espero que cualquiera que crea reconocerse piense que le he retratado con veracidad y que no se sentirá descubierto. Siempre que ha sido posible, y por supuesto en el caso de amigos y estudiantes, he recibido permiso para utilizar el material.

Por conveniencia y para facilitar la comprensión me he referido al niño como «él» y al progenitor como «ella». En realidad es la madre quien se encarga sobre todo de los hijos, y son mujeres las que cuidan también de los pequeños fuera de casa. Confío en que la importancia de los padres, hermanos y demás personas significativas quede clara a lo largo del libro.

1
BEBÉS

—¿De dónde vengo, dónde me recogiste? —preguntó el bebé a su madre.

Ella contestó medio llorando medio riendo y apretó al bebé contra su pecho.

—Estabas escondido en mi corazón como un deseo, cariño.

RABINDRANATH TAGORE,
La media luna[4]

Todo niño pregunta: «¿De dónde he salido?» Todos conocemos los hechos de la vida, pero también sabemos que nuestros hijos ya están presentes en nuestra vida antes de nacer. Quiero decir que todos albergamos fantasías sobre cómo serán, junto con deseos y temores. Nos preguntamos qué clase de padres seremos, pensamos en qué clase de padres no nos gustaría ser. Todos estos pensamientos y fantasías son anteriores al bebé, e incluso a su concepción. El bebé nace en el seno de una pareja (aunque viva con una madre soltera, tiene presente la figura paterna) y de una familia, pero también en el mundo mental de sus progenitores, poblado por figuras del pasado y el presente, esperanzas, expectativas, miedos y una miríada de otros sentimientos. En este primer capítulo se pretende explicar cómo encajan los padres y el bebé en esta constelación.

Durante mucho tiempo la gente pensaba que los bebés no eran personas propiamente dichas, sino pequeños seres que se alimentaban, dormían y, de vez en cuando, jugaban durante breves períodos de tiempo. La investigación moderna ha descubierto, sin embargo, que los recién nacidos y los niños muy pequeños son tremendamente complejos.[5] Enumeremos algunas de sus capacidades: pueden ver, oler, oír, saborear. También son capaces de discriminar y tener preferencias. Sabemos que, incluso en la sala de partos, prefieren caras humanas a dibujos abstractos. Los recién nacidos pueden fijar la vista en las personas e imitar ciertas expresiones, como sacar la lengua. Reconocen el olor de la leche de su madre y se vuelven hacia él a los siete días de vida. Prefieren las voces humanas, sobre todo las agudas, alegres y femeninas, a los sonidos no humanos. Les gustan los sabores dulces y reconocen un cambio en la dulzura de los líquidos después de sólo dos chupadas. Todas estas habilidades sirven para retener la atencion de los padres y despertar sus emociones. Muchos padres pensarán que ya lo sabían, o que su muy especial bebé lo hacía. Por el contrario, a otros tal vez les hayan dicho que la sonrisa de su pequeño era «pura casualidad», por lo que han dejado de creer en su comprensión de la sociabilidad del recién nacido. Ahora podemos demostrar, sin la menor duda, que estas respuestas sociales de los bebés son coherentes, no tan sólo una casualidad, más tarde interpretadas por los padres como prueba de lo maravilloso que es su hijo.

La investigación también demuestra que a los niños les afectan el comportamiento y estado de ánimo de quienes les rodean. Por ejemplo, un bebé llorará si la persona que le sostiene está hablando de algo muy triste.

Otro aspecto de esta naturaleza sensible, activa y expansiva es que las criaturas pueden sentirse con frecuencia desbordadas por los estímulos. Ruidos de fondo, colores, padres y otras personas que les miren a los ojos, sostengan su cabeza o les hablen, en ocasiones se les antojan insoportables, por lo que lloran o muestran su rechazo (esto suele ocurrir con los bebés prematuros). Todos hemos conocido a esos quisquillosos pequeñuelos que reaccionan como puercos espinos, cierran los ojos con fuerza, apartan la cabeza y lloriquean cuando intentas ser cariñosa. Es posible que estén demasiado estimulados y necesiten calmar tu entusiasmo.

Debido a que los bebés son individuos muy complejos, nuestra conducta y actitud hacia ellos poseen un enorme impacto. El pediatra y psicoanalista D. W. Winnicott escribió que «un bebé no puede existir solo, sino que es parte esencial de una relación». El creciente cuerpo de la investigación infantil demuestra que lo más importante no es lo que el niño o la madre aportan al encuentro, sino qué ocurre entre ellos: la reciprocidad de la interacción, el efecto que uno obra sobre otro.

INTERPRETAR LAS NECESIDADES

Para que una persona se desarrolle y madure ha de sentirse querida y comprendida. Es fundamental sintonizar con el estado del niño, así como comunicarse con él. Cuando una criatura se expresa, mediante lloros, movimientos bruscos, sonrisas, arrullos y toda una gama de señales no verbales, interpretamos su necesidad de abrazos, comida, pañales limpios, jugar o un sinfín de otras posibilidades. El bebé no puede ser más concreto y, en la mayoría de los casos, ni siquiera sabe lo que quiere. Sólo nos informa de lo que siente. Responder a su comunicación individual y pensar en lo que ha sido de utilidad en el pasado le proporciona una sensación de arropamiento. Le impide sentir que está desamparado. ¿Has observado esos movimientos deslavazados de los brazos y las piernas, que recuerdan a los de un astronauta en gravedad cero? Así vemos reaccionar a los bebés cuando no se sienten amparados, como si estuvieran suspendidos en el espacio sin nada a que aferrarse ni base sobre la que apoyarse. La reacción de la mayoría de los padres es coger al pequeño y abrazarlo.

Lo que también hacemos, tal vez menos conscientemente, es interpretar las acciones del niño, traducirlas y darles significado. Wilfrid Bion, un famoso psicoanalista postkleiniano, escribió sobre el papel que desempeñan los padres para ayudar a «contener» a su bebé desde un punto de vista emocional.[6] Describe cómo, cuando un bebé está siendo bombardeado por sentimientos quizá abrumadores, el papel de la madre consiste en internalizar dichos sentimientos, asimilarlos y procesarlos, para luego devolvérselos de una forma más aceptable. Traduce algo insoportable en algo que puede dominarse. Por ejemplo, el bebé llora porque le duele el estómago. La madre le calmará a base de hablar con él, explicarle que sólo son gases, abrazarle, darle palmaditas en la espalda, ayudarle a eructar. El crío, que tal vez se sentía desamparado, se sentirá arropado, apoyado y, más tarde, calmado y satisfecho.

Cuando esta experiencia se repite de una manera continua, no sólo obtiene la seguridad de que es escuchado y consolado, sino también un modelo de cómo alguien logra superar el malestar. Es el principio de un modelo para pensar, para pensar en sentimientos. Gracias a esto, aprende a reconocer y dar forma a sus propias experiencias, y empieza el progresivo proceso de comunicación y comprensión mutua.

A veces acertamos y a veces no. El método de ensayo y error, la atención y la observación nos guían. Imagina las siguientes situaciones corrientes, todas extraídas de observaciones de diferentes niños mientras se alimentan. Son relatos de estudiantes que siguen un curso de observación infantil, que consiste en realizar visitas semanales, de una hora de duración, a una familia con un niño recién nacido a lo largo de un período de un par de años. Durante las sesiones el observador no toma notas, sino que se sumerge en la atmósfera y más tarde recoge, con el mayor detalle posible, todo cuanto ha sucedido. No busca datos específicos ni intenta analizar lo que ve, sólo observa lo que ocurre. Este método naturalista es similar al que emplean los etólogos cuando estudian el comportamiento animal. Después en un seminario se intenta comprender la experiencia descrita. Se descartan con energía las conclusiones prematuras y las posturas críticas. El propósito es aprender sobre el desarrollo mediante la experiencia. La observación infantil constituye un componente clave de la preparación psicoanalítica, pero también resulta muy útil cualquier profesional que trabaje con niños o en un contexto terapéutico, como enfermeras, visitadoras de salud,* profesores, asistentes sociales o médicos de cabecera.

Tim, de seis semanas de edad, despertó poco a poco, abrió y cerró los ojos varias veces, mientras emitía sonidos quejumbrosos. Su madre estaba sentada a su lado y le miró. Dijo con voz infantil: «Conque vuelves del mundo de los sueños, ¿eh? Me pregunto qué habrás soñado. ¿Has oído los bocinazos de los coches? ¿A quién has encontrado en el otro mundo? ¿Quieres decirle algo a mamá?» Tim emitió un

---

* En Gran Bretaña, enfermeras de la Seguridad Social que hacen visitas a domicilio para asesorar sobre el cuidado de niños en edad preescolar, ancianos, etc. (*N. de la T.*)

sonido algo más alto, con la mirada fija en sus ojos. Su madre lo cogió y lo apretó contra sí. El niño dejó de llorar y agitó las manos. Ella dijo: «Tienes hambre, ¿verdad? ¿Quieres un poco de leche en la panchita?» Se desabotonó la camisa y le acercó el pecho, el niño vaciló un momento y después aferró el pezón con ansia. Tim tenía la vista clavada en los ojos de su madre mientras mamaba, y ella le hablaba con suavidad, sin dejar de mirarle. «Tienes hambre, ¿eh? Me pregunto qué sabor encuentras a la leche. Es dulce, pero éste es el único sabor que conoces. Creo que sabe diferente según el momento, ¿verdad?» Tim soltó el pezón, la miró y mamó otra vez.

Esta madre se pone en el lugar de Tim e intenta conciliar lo que ofrece con lo que cree que él necesita. Con sus comentarios y miradas entabla contacto con él y añade palabras (una forma y un significado) a la comunicación inicial del bebé. Advierte su malestar y le proporciona la experiencia de ser escuchado. A continuación traduce su malestar en una necesidad de comida, que le ofrece. Al mismo tiempo es consciente de la transición del sueño a la vigilia y le trata con cariño, le ayuda a despertar, le calma con su voz y sus pensamientos. Le está conteniendo.

El siguiente ejemplo muestra un arropamiento más físico del niño.

Hannah, también de seis semanas, está en brazos de su madre y se pone nerviosa, como si intuyera lo que se avecina. Vuelve la cabeza y el cuerpo en una activa y decidida busca del pecho. Su madre me mira y dice: «¿Lo ves? Sabe lo que va a pasar.» Acuna la cabeza de su hija en sus brazos al tiempo que le acerca el pecho, de tal forma que Hannah se aferra al pezón de inmediato. Durante un par de segundos no mama, sino que agita los brazos en el aire y patalea, se retuerce ligeramente como para acomodarse. Al poco de empezar a mamar, se queda quieta, sus manos se apoyan sobre la piel del pecho materno. No se producen más movimientos, aparte del rítmico chupeteo, puntuado por breves pausas. Observo que su madre la abraza con fuerza. Los cuerpos parecen fundirse, como si fueran uno. Están absortas la una en la otra. La habitación está en silencio durante veinte minutos. Hannah se duerme cogida al pecho. No estoy segura de si la niña se desprende del pezón o si el pezón se desprende de la niña.

En este ejemplo, la madre estrecha a Hannah. Del nerviosismo de ésta deduce que tiene hambre y le ofrece el pecho. Después, cuando transmite la sensación de calma y disfrute que le produce el acto de amamantar, ambas se tranquilizan. No cuesta mucho ver la facilidad con que el momento puede sentirse como una unión, un estado de existencia de dos personas en una, lo que impregna en gran parte el temprano contacto entre madres y recién nacidos, pero es todavía más conmovedor por el hecho de que parte del cuerpo de una está dentro del de la otra. En la alimentación con biberón y cuchara posterior esto aún continúa presente, como una extensión del yo, pero de una forma menos gráfica.

A veces el acto de amamantar resulta muy tenso, como consecuencia de un parto complicado, por la sensación de soledad y aislamiento de la madre o porque se enfrenta con el problema de lo que el bebé significa para ella y su familia.

La madre de Lucy me dice: «El fin de semana fue horrible. Fuimos a ver a mis padres. Lucy estaba intratable. Se negaba a mamar. Fui a la clínica el lunes y descubrí que sólo había engordado cuatrocientos gramos desde que nació. Es muy preocupante y desalentador. Me encantaba dar el pecho a su hermana, e incluso por la noche. Sólo la niña y yo, las dos aisladas del mundo, absortas la una en la otra. Esta vez no lo consigo.»

Mientras habla, Lucy (de siete semanas de edad) llora. Su madre coge una revista y una almohada, sobre la que coloca a Lucy. La pequeña llora más fuerte. Su madre no recordaba qué lado debía ofrecer. Tardó varios segundos en decidirse, y yo temí que lo retrasara demasiado. En cuanto le ofreció el pecho, Lucy lo aceptó y empezó a mamar con ansiedad, mientras lo acariciaba y sus pies se movían un poco. Después sus piernas se agitaron, soltó el pezón y rompió a llorar. A continuación se dio la vuelta, sollozando todavía un poco, y volvió a mamar. Su madre la apartó y dijo: «Vamos a ver si eructas un poco.» Lucy, sentada sobre sus rodillas, berreó desconsoladamente, con el rostro congestionado. Su madre le frotó la espalda e intentó que eructara, sin resultado, mientras la criatura lloraba. Le dio el pecho de nuevo, Lucy se apoderó del pezón y succionó de él durante medio minuto. Expulsó una ventosidad y volvió a llorar, retorciendo el cuerpo. Una vez más su madre la incorporó. Lucy tenía la cara colorada de tanto chillar. Este comportamiento se repitió durante toda la toma.

Vemos aquí a una madre angustiada por la inminente interacción. Según explica, las tomas la incomodan. Coge una revista para no pensar en ello. La incertidumbre y la dificultad de armonizar y fundirse vician el intercambio. Es lo que Daniel Stern, profesor de psiquiatría e investigador estadounidense, denomina «pasos en falso en el baile» en su libro *The First Relationship*.[7] La experiencia no es satisfactoria para ninguna de las partes. Ambas quedan desbordadas y separadas, y la madre siente que está fracasando.

INTERACCIÓN: ARMONÍA Y DISCORDANCIA

En la mayoría de las familias normales habrá épocas de armonía y otras de discordancia. Son los sobresaltos cotidianos que implica hacerse mayor. Esperamos que, en conjunto, lo positivo predomine y ayude al niño y a la madre a superar el disgusto o la decepción de las malas épocas.

Cuando los padres están atentos e interpretan lo que el bebé desea comunicar, le ayudan a calmarse y a implicarse en el mundo. El hecho de que los padres satisfagan sus necesidades de forma continuada beneficia al niño. Sin esta sólida base, no será capaz de soportar la frustración y la espera.

Para analizar la sensibilidad del bebé a la comunicación adulta, se han llevado a cabo experimentos que interrumpen la interacción entre madre e hijo. Los estudios han demostrado que la interacción de un bebé con su madre se caracteriza por la atención y pequeñas pausas, una pauta acompasada que permite a ambos participantes alternarse y alterar el ritmo. La reacción de cada uno dicta la respuesta del otro. Estudios preliminares presentaban a niños de tres semanas que se ponían nerviosos ante una cara silenciosa. Los niños lloraban hasta que el rostro desaparecía. Investigaciones bien documentadas, desarrolladas durante algunos años, incluyen estudios sobre «caras silenciosas». La idea básica es que madre e hijo son colocados en una habitación y se les graba en vídeo. Se sienta al niño en una silla cómoda. Al principio se pide a la madre que interactúe con normalidad con el bebé, pero sin cogerle. Después sale de la habitación por un breve período de tiempo. Cuando regresa, se le pide que permanezca ante el bebé en silencio, sin hacer ningún gesto, durante cuarenta y cinco segundos. Las reacciones de ambos se graban en vídeo. El resultado es que un rostro inexpresivo disgusta e inhibe al pequeño. El efecto es espectacular: detecta casi al instante un cambio e intenta obtener una respuesta. Por lo general volverá la cabeza y mirará de nuevo a su madre. Puede que lo intente repetidas veces. Cuando fracase una y otra vez, se desmoronará, se retraerá e intentará consolarse. Los vídeos también demuestran que la reacción del niño preocupa a la madre, la cual se pone nerviosa y se repliega en sí misma.

Lynne Murray, una investigadora inglesa, ideó otros experimentos con grabaciones en vídeo de interacciones entre madres e hijos. Al principio se graba a ambos mientras interactúan con normalidad. Alrededor de medio minuto después se pasa la grabación de la madre al bebé, que la ve pero, como se trata de una grabación, no de una reacción en vivo, el comportamiento de ella no está sintonizado con el suyo, por lo que se siente confuso y angustiado. Lynne Murray estableció la distinción entre «perturbaciones naturalistas y no naturalistas» y demostró que interrupciones normales, como hablar a otra persona, tranquilizaban al niño, pero un comportamiento «incomprensible» de la madre, como un rostro inexpresivo o respuestas erróneas (por ejemplo, sonreír plácidamente cuando el bebé protesta), le provocan perplejidad y, después, angustia y confusión. En estos experimentos, también las madres se angustiaban cuando veían las grabaciones en vídeo de las reacciones de su bebé.[8]

Tal vez los experimentos parezcan crueles, pero debemos recordar que se trata de momentos aislados, que sólo duran unos minutos en la vida del pequeño. Sin embargo, quedan claras las implicaciones de lo que ocurriría si ésta fuera la experiencia habitual entre madre e hijo. El trabajo de Lynne Murray ha conducido a posteriores experimentos con familias en que la madre sufre de depresión posparto. Esta investigación ha sido muy útil para detectar señales prematuras de interacción perturbada, y así facilitar intervención y ayuda.

Estos experimentos y otros demuestran que lo importante es la interacción entre madres e hijos, las respuestas específicas a los individuos implicados. Los niños necesitan ser vistos, oídos y atendidos para evolucionar de forma adecuada. No obstante, las investigaciones también demuestran que una escala intermedia de sensibilidad es mejor para un desarrollo sano, o sea, cuando una madre comete un error de interpretación y la pareja bebé-madre se recupera. Es tranquilizador saber que, como madres, no se espera de nosotras que «acertemos» siempre. Asimismo es pertinente señalar para la tesis de este libro que recobrarse de un desacuerdo promueve el desarrollo, dando por sentado que las necesidades del bebé serán satisfechas en gran parte. Para citar de nuevo a Winnicott, los bebés necesitan una intervención materna «bastante buena».[9] La capacidad de decir «no» ha de ir acompañada de la sensibilidad hacia las necesidades del bebé. Hay que saber cuándo conviene empezar a decir «no».

Recuerdo al pequeño Jim, al que observé durante los dos primeros años de su vida. Su madre era muy atenta y considerada, siempre parecía saber lo que él quería, y a menudo se anticipaba a todas sus necesidades. En aquel momento pensé que debía de ser la madre ideal. Cuando Jim cumplió once meses y aún no andaba, le encantaba abrazarse a su madre y, con su ayuda, «subir» y «bajar» por la escalera. Ella le cogía las manos y él se proyectaba hacia arriba, indiferente al esfuerzo que realizaba su madre. Exigía esta actividad durante largos períodos de tiempo, y la mujer parecía incapaz de decidir cuándo debía terminar. Estaba cada vez más cansada, y él se convirtió en un ser despiadado y tiránico. Entonces comprendí que no existe eso llamado la «madre ideal».

Lo que parece una concordancia perfecta (una madre que ahorra a su hijo toda irritación) no ayuda. Con el tiempo me di cuenta de que Jim tenía una tolerancia muy baja a la frustración y que le costaba mucho hacer frente a las dificultades. Los mimos que recibía no le permitían desarrollar su fortaleza, ni física, pues no utilizaba los músculos para subir por la escalera, ni emocional. Por otro lado, creía que lo hacía todo él solo. Se le negaba así la experiencia de aprovechar sus propios medios y comprender que necesitaba la participación de su madre. En consecuencia, era incapaz de pedir ayuda. En lugar de eso, bramaba una demanda o, mejor dicho, una exigencia, que era complacida de inmediato. Tal vez creía que gracias a su fuerza de voluntad de subir por los peldaños lo conseguía. Al no reconocer el papel de su madre, era incapaz de desarrollar el concepto de gratitud.

Si hubiera dicho «no», su madre habría dado a Jim una idea de lo que podía hacer o no por sí mismo, así como de lo que ella podía lograr con facilidad y lo que la actividad le costaba. Su reticencia a plantarle cara le alentó a convertirse en un pequeño déspota, lo que más tarde contaminó la relación global, y los momentos que pasaban juntos eran desdichados. La madre se sentía amedrentada e indefensa, mientras que Jim se mostraba irascible y exigente.

Para mí esta observación subrayó el hecho de que lo que es apropiado en una edad tal vez no lo es en otra. Los bebés y los niños pequeños evolucionan y aprenden a gran velocidad. Hemos de adaptarnos a sus necesidades cambiantes. En este ejemplo, Jim se benefició de las respuestas inmediatas de su madre cuando era muy pequeño. Le proporcionó confianza junto con la sensación de ser arropado y querido. Sin embargo, más tarde asfixió el desarrollo de su independencia y alimentó su sensación de omnipotencia. Era como si a ambos les resultara imposible desenvolverse en la fase intermedia, aquella en la que el niño no puede hacer las cosas por sí solo, pero lo intenta y lo consigue poco a poco. Las opciones eran el éxito o el fracaso, no el aprendizaje necesario que el proceso comporta.

Con el fin de aprender, primero debemos estar en posición

de no saber. Si uno cree que ya lo sabe todo, no presta oídos a nada nuevo. Para ser más fuerte, es preciso reconocer que no se puede hacer todo de inmediato. Para obtener algo de los demás, hay que creer que tienen algo que ofrecer. Ser consciente de que se es dependiente constituye el primer paso para pedir ayuda y hacer un buen uso de ella. Los cimientos se ponen en la infancia. Muchos niños, e incluso adolescentes, viven en un estado de falsa independencia y pseudomadurez, y les cuesta mucho aprender de los profesores o beneficiarse de los buenos cuidados.

SERES DIFERENTES

Decir «no» comunica que eres un ser diferente. Los principios de la autonomía, de la diferenciación, son muy importantes. En los primeros días, la capacidad para desenvolverse de un recién nacido es muy limitada. Al contrario que otros mamíferos, el bebé humano es muy dependiente durante mucho tiempo. Con una madre que reacciona al instante ante el llanto o cualquier otra forma de comunicación, el bebé tal vez llegue a creer que no es un ser diferente de ella. Se siente alarmado, grita y, antes de saber qué pasa, aparece el rostro sonriente de su padre o su madre sobre la cuna. Si esto se repite de forma sistemática, el bebé tal vez no tendrá la sensación de que los padres poseen una vida propia. Según Winnicott, «la adaptación completa parece cosa de magia, y el objeto que se comporta con perfección se convierte en poco más que una alucinación».[10] Si se produce un lapso, la espera establece en la mente del bebé la realidad de la persona que acude cuando llama.

No existe el progenitor perfecto. La idea de que es probable satisfacer todas las necesidades del niño y ahorrarle cualquier sufrimiento daría lugar a una criatura infeliz y mal adaptada. No le prepararía para vivir en un mundo habitado por otros. Al principio sería un reino mágico en que él sería el rey, pero con el tiempo se transformaría en un lugar muy solitario e irreal. Pensad en la historia del príncipe Siddharta, cuyos padres quisieron ahorrarle toda visión de la fealdad o la desdicha. Le retenían en su hermoso palacio. Pese a todo su poder y riquezas, no consiguieron mantenerle protegido. A la larga salió al mundo, descubrió el sufrimiento de los demás y se convirtió en Buda. Otros muchos mitos y cuentos populares ilustran el concepto de que todas las riquezas del mundo no pueden sustituir al verdadero contacto humano con los demás, incluso si ello implica dolor y penalidades. El contacto real supone frustración, lucha y odio tanto como consuelo, armonía y amor.

Responder a una comunicación del bebé le proporciona la sensación de que existe y es real. Un breve espacio de tiempo entre sus comunicaciones y la respuesta empieza a darle la idea de que forma parte de un mundo mayor. Ese período de espera permite el paso al discernimiento. Como hemos visto en los estudios antes comentados, una falta de respuesta o una respuesta inadecuada pueden ser muy alarmantes para el pequeño. ¿Cómo podemos hacerlo bien?

Muy a menudo, en cuanto el bebé emite un ruido, alguien lo coge y emprende una acción: un cambio de pañales, una toma, el ofrecimiento de un juguete. Como intentamos ser padres perfectos, para que nuestros hijos nunca se sientan frustrados a veces interpretamos sus reacciones demasiado pronto, antes de que hayan tenido tiempo de saborear su sensación. Atribuimos significado al inicio de un impulso e impedimos que el bebé disfrute de la plena sensación. Por el deseo de ahorrarle molestias, tal vez le despojamos de su experiencia. Quizá lo amoldamos a lo que nos consuela cuando estamos inquietos. Tal vez somos incapaces de aguantar la espera, que permitiría tanto al bebé como a nosotros clarificar lo que sería más beneficioso. Somos incapaces, en efecto, de decir «no» a la llamada del niño o a nuestra interpretación de ella.

CONSUELO INSTANTÁNEO

Para el desarrollo del niño es crucial que medie un lapso de tiempo entre su lloriqueo y la respuesta. A continuación se exponen algunas situaciones en que es importante decir «no».

SUEÑO

James nació después de un parto prolongado y difícil. Su madre, Ellen, se sentía cansada durante las tres primeras semanas y lloraba con frecuencia. James es muy espabilado y reacciona enseguida a los estímulos, pasa muchas horas despierto, mira con adoración a su madre y, por lo general, es un encanto. Sin embargo, detesta que le pongan en el moisés y llora en cuanto pierde el contacto con su madre. No duerme mucho y, por tanto, Ellen tampoco. A medida que los dos se sienten más agotados, se muestran más irritables. Lo que empezó como un contacto agradable se ha convertido a los ojos de Ellen en una incapacidad absoluta para separarse de su hijo, con el que carga todo el día en un canguro, mientras cocina, limpia y se dedica a las tareas domésticas. Tiene la impresión de que ni siquiera puede ir al lavabo sola. James parece pegado a ella, en ocasiones como un parásito, viviendo de ella más que relacionándose con ella. Ellen cree que esto no tiene nada que ver con ella como individuo y casi siempre le irrita el comportamiento de su hijo.

Es muy común que las madres se quejen de que su hijo está malcriado y «sabe» cómo manejarlas. Durante un tiempo un ciclo de sentimientos desdichados puede convertirse en una pauta de relación en que ninguno de los dos se siente satisfecho. En épocas como ésta, al igual que le ocurre a Ellen, las madres se pasean de arriba abajo con su bebé en brazos, preguntándole qué le sucede. ¿Qué quiere? ¿Por qué no es feliz?

En el caso de Ellen y James, cuando el padre, Nick, llegó a casa, cogió al pequeño y advirtió que estaba agotado. Con su ayuda Ellen llevó al pequeño a la cuna, pese a sus protestas, y le dejó llorar un ratito, hasta que se sumió en un sueño profundo del que despertó más tarde, descansado.

Aquí hay muchas lecciones importantes. Ellen necesitaba ayuda externa y James comprender lo que estaba pasando. Éste la absorbía demasiado, y era incapaz de separarse de él. El papel sustentador de padres, abuelos, tíos o buenos amigos es de incalculable valor en este período.

Hemos expuesto la historia desde la perspectiva adulta. Intentemos imaginar qué sentía James. Está acostumbrado al contacto piel a piel con su madre, le gustan su olor y el tacto de su ropa. Descubre que su cuerpo se amolda a las curvas de sus brazos, se adapta a sus movimientos. Ella responde a sus caricias y expresiones. ¡Qué diferente es la rígida cuna, con las sábanas limpias que huelen a detergente! Aunque se remueva hasta encontrar la postura, no es tan confortable como aquellos brazos. En ocasiones se siente muy abandonado sin ella. Como siempre carga con él o lo coge en cuanto lloriquea, Ellen refuerza la sensación de que sólo ella servirá, de que la cuna es un lugar horrible.

Por otra parte, si le tiende en la cuna y se queda a su lado para calmarle, si le habla y acomoda, le enseña que es un lugar seguro y adecuado para dormir. De este modo dice «no» a su deseo de permanecer en sus brazos y afirma que en ese momento necesita dormir y que ése es el mejor sitio para hacerlo. Le deja llorar y gritar, oye sus quejas, pero sabe que sobrevivirá y se reafirma en su certeza de que necesita dormir, cosa que le cuesta más en sus brazos. Al proceder con firmeza, le informa de que no pasará nada y fortalece su sentido del yo. También le brinda tiempo para descubrir sus propios medios de adaptarse. De hecho, al cabo de un rato James observó que se sentía cómodo acurrucado contra una toalla enrollada que su madre había puesto en la cuna.

Otros bebés descubren que sus dedos, pulgares o ciertas posiciones les consuelan. Algunos buscan un consuelo corporal, un objeto blando o que huela bien, algunos prefieren sonidos y otros fijan la vista en una luz, una planta o un dibujo junto a la cuna. Estas elecciones pueden ser internas, y una madre sensible se dará cuenta, o puede ser algo que ella ofrezca para confortarle, como una pieza musical favorita. Una rutina de mimos, música, algunas palmadas en la espalda y una despedida cariñosa puede convertirse en una pauta reconocible para el bebé, que con el tiempo se acostumbrará al inicio, parte central y final de la secuencia, que para entonces será algo familiar y digno de confianza. El niño también aprende que, al final de la siesta, papá o mamá estarán allí. Son puntos fundamentales que le ayudan a calmarse. No sólo pueden aplicarse al sueño, sino a cualquier momento en que el niño deba estar solo, en una silla elástica, una manta de actividades, etcétera.

De este modo fortalece su capacidad de desarrollar sus propios recursos, en lugar de depender por completo del mundo exterior. De nuevo, esta capacidad depende de que reciba suficiente amor y comprensión, el «combustible emocional» que le permite viajar un poco solo.

Una respuesta inmediata puede impedir que el niño desarrolle su yo sin ayuda externa, lo que le proporcionaría un gran placer.

Michael, de nueve semanas de edad, se agitaba mientras dormía. Frunció el entrecejo levemente y después empezó a sonreír. La cuna se mecía con sus movimientos, pues estaba suspendida mediante ganchos de un armazón. Durante la siguiente media hora, me quedé fascinada por su actividad. Su cara cambiaba de expresión sin cesar, pero sin delatar esfuerzo o angustia. Movía una mano alrededor de su cara y su boca. Se humedecía los labios y a veces formaba pequeñas burbujas. Sus párpados temblaban en ocasiones, como si intentara abrirlos, pero parecía justo por debajo del nivel de conciencia, y se sumía de nuevo en el sueño. Poco a poco sus movimientos se hicieron más enérgicos, y abrió los ojos de repente. Emitió una especie de maullido, pero no lloró. Observó el borde festoneado de la cortina, sobre la cuna, que oscilaba un poco con sus movimientos. Agitó la mano en el aire y desplazó la mirada de derecha a izquierda siguiendo el ondular de la tela. Empezó a patalear con entusiasmo, y la cuna se meció mientras las cortinas aleteaban. Había sacado las manos de debajo del edredón y agitaba los puñitos y las piernas en el aire. Permaneció absorto en el movimiento de la tela, con los ojos abiertos de par en par, y su boca formaba una «O» de asombro. De vez en cuando gorjeaba de placer. Parecía muy complacido y estimulado.

Si hubieran cogido a Michael en cuanto empezó a removerse y salir del sueño, le habrían privado de la oportunidad de explorar sus manos, saborear las burbujas de su boca, examinar la ondulación de las cortinas, observar el efecto de sus movimientos en la oscilación de la cuna, experimentar su autonomía, libre para asimilar el mundo a su capricho. Esta oportunidad le proporcionó no sólo un instante de placer, sino también la experiencia emocional de despertar con placidez solo, de aprender que era capaz de explorar su entorno y extraer algo de esta experiencia. Michael empieza así a utilizar sus propios recursos, en lugar de depender de una presencia externa que le consuele y entretenga. Esta oportunidad se presenta en muchos otros momentos, no sólo al despertar, siempre que el bebé esté solo. Este breve momento contiene las semillas de la independencia y la confianza en sí mismo.

COMIDA

A veces, cuando echamos mano de soluciones rápidas para calmar el desconsuelo de un bebé, hacemos lo que nos parece correcto, pero no necesariamente lo que es correcto para él. Las visitadoras de salud ven con frecuencia a madres que ofrecen de inmediato comida como consuelo, cuando en ocasiones tal vez el niño necesita otra cosa, como que le hablen, le canten, le sostengan en brazos o jueguen con él. Si la comida es siempre la primera solución, el pequeño aprende mediante la experiencia repetida que sólo la obtendrá cuando se queje. A continuación se exponen algunos ejemplos de observación infantil.

Julie, de doce semanas de edad, está tendida de espaldas y se divierte durante unos diez minutos con un móvil que pende sobre ella. Su madre, Paula, se acerca, le habla, le acaricia la mejilla y se aleja para dedicarse a otras tareas. Durante un par de minutos Julie patalea, gorjea y mira hacia atrás. Me quedé sorprendida, pues pensé que protestaba porque su madre se había marchado de su lado. Después el gorjeo se convirtió en un sonido más perentorio, aunque todavía no era un sollozo. Entonces, casi sin previo aviso, dejó al descubierto sus encías y comenzó a llorar. Se le encendió el rostro, cerró los ojos y apretó los puños. Paula entró y dijo: «¡Pobre Julie! ¿Tienes hambre?», y le introdujo un dedo en la boca. La pequeña no chupó, como había hecho las semanas anteriores. Paula dijo: «Tienes hambre. Espera un momento», y cogió a Julie, que enseguida se tranquilizó.

Intentó recordar qué pecho le tocaba mientras la niña la miraba. Se decidió por el derecho y, cuando Julie se apoderó de él, dijo: «Buena chica, buena chica.» La criatura mamó con celeridad durante unos ocho minutos. Chupaba, hacía una pausa y volvía a chupar. Al cabo de un rato su madre retiró el pecho y dijo: «¿Tienes bastante?» La pequeña parecía decepcionada, un poco indecisa e incómoda. Me recordó a los emperadores romanos, que primero se empapuzaban y después vomitaban.

Paula salió de la habitación para atender una llamada telefónica, y Julie empezó a hacer pucheros y al final rompió a llorar. Mamá volvió y dijo:. «Vaya, todavía tienes hambre. Lo siento.» La amamantó con el otro pecho. Esta vez la niña succionó con avidez. La toma se prolongó un cuarto de hora. Su madre dijo: «Debo dejarte un momento, cariño», y telefoneó a una amiga con la que quedó para comer. Charlaron un rato sobre los platos que pedirían. Cuando Julie gimoteó, Paula interrumpió la llamada diciendo que debía terminar de alimentar a su hija. Ésta mamó un poco más. Al cabo de unos minutos Paula retiró el pecho. Julie parecía exhausta y cerró los ojos. Se quedó dormida, con aspecto saciado y satisfecho. Paula llamó a otra amiga para proponerle que comieran juntas y hablaron del menú. Después se preparó un tentempié y regresó, más animada. Miró con adoración a la niña y le acarició el estómago mientras decía: «Buena chica.» Julie apenas se removió, y sus labios repitieron un momento el acto de chupar, como si recordara la toma.

La madre de Julie interpretó de inmediato su llanto como una señal de hambre; sin embargo daba pie a otras muchas interpretaciones. Tal vez la pequeña deseaba compañía o un cambio de escenario. Quizá estaba incómoda por llevar de espaldas un buen rato y no poder cambiar de postura. Julie empieza a mamar con tranquilidad y al primer descanso parece saciada, como si hubiera comido sin hambre. Sin embargo, a medida que la toma continúa con varias interrupciones, da la impresión de que mama con más avidez. Podemos suponer que tiene hambre o que está aprendiendo a adaptarse a las interpretaciones de su madre de lo que le conviene: comer. También está aprendiendo que su madre la alaba por comer bien, porque al final le acaricia el vientre.

Del comportamiento de la madre se deduce que necesita comer, telefonear a sus amigas y prever qué platos pedirá. Comer es una fuente de consuelo para todos, tanto niños como adultos. En este ejemplo da la impresión de que la madre de Julie recurre a lo que sabe le hace sentir mejor y lo ofrece a su bebé. Es una reacción muy común. Otra opción sería esperar y ver si Julie, con su comportamiento, indicaba qué necesitaba.

A medida que esta observación se repetía semana tras semana, quedó establecida la pauta de que Paula alimentaba a su hija al primer sollozo, por discreto que fuera, y que el principal contacto entre ambas se producía en las tomas. Se echaban de menos otras formas de interacción, como abrazarla, hablar con ella o enseñarle juguetes. Durante este período Paula parecía falta de apoyo, un poco deprimida y muy necesitada de compañía y comida. Cuando se relajó y acomodó a su nuevo papel de madre, consiguió encontrar otras actividades e interacciones que complacían tanto a Julie como a ella. Cuando la pequeña tenía cinco meses y medio, le hablaba con cariño y decía: «Hay cosas en el mundo más interesantes que la comida, ¿verdad?»

La obsesión por la comida obedece en ocasiones a la inseguridad de la madre, que piensa que no tiene nada más que ofrecer. Al menos la leche surge de su interior y beneficia al bebé. Muchas madres dicen que su hijo no se interesa por ellas como personas, sino que sólo desea su leche. Para ellas la alimentación empieza a representar su única contribución.

Algunas madres eligen el biberón porque creen que así ofrecen a su bebé lo mejor. Tal vez consideran que no es bueno lo que procede de su interior, y lo compensan dando demasiada leche artificial.

Anna, que había conseguido tener por fin a Carl, después de dos abortos y un parto muy difícil, se sentía terriblemente insegura sobre su capacidad de cuidarlo y mantenerlo con vida. Su primer contacto con su hijo fue vacilante, pues temía no entender sus señales.

Al oír lloriquear a Carl, de tres semanas, Anna lo coge, le acomoda sobre el hombro y le da palmaditas. Carl intenta chuparle la piel. Anna le sienta sobre el regazo, después le coloca de nuevo sobre el hombro, y el niño empieza a chuparle el cuello. Anna dice: «No sé qué quiere. Lo he probado todo. ¡Ya lo sé! No le he puesto boca abajo.» Tiende a Carl de bruces sobre su regazo y le acaricia la espalda. El pequeño intenta levantar la cabeza y llora. Al final Anna intenta darle de mamar. Lo acerca al pecho, y el niño lo aferra al instante. Su cuerpo y piernas se relajan, curvados alrededor del cuerpo de su madre.

Al contrario que la madre de Julie, Anna no piensa al instante que Carl desea su leche. Se le ocurren otras muchas posibilidades antes de sospechar que su hijo tiene hambre o simples ganas de chupar. Carl gana peso, se alimenta bien, pero al cabo de unas semanas Anna cree que no tiene mucha leche y cambia al biberón. El pequeño sigue engordando, y su peso está a punto de sobrepasar el límite que le corresponde por su edad. Se establece una pauta según la cual Carl come más de lo que Anna quiere, y ésta se queja de que siempre está hambriento.

Carl (de once semanas) llora, se lleva el puño a la boca, y Anna dice: «Es imposible que tengas hambre; hace tan sólo una hora que comiste.» Al final decide darle lo que había dejado del biberón. Cuando siente la tetina en la boca, Carl aparenta sorpresa, nerviosismo y alivio al mismo tiempo, y chupa vigorosamente. Termina el biberón enseguida y vuelve a llorar. Anna prepara otro y Carl reacciona de la misma forma. Cuando ha acabado, le resbala la leche por la cara, y parece atiborrado.

Da la impresión de que Carl sólo desea comer. A Anna le cuesta decirle «no», determinar cuándo tiene bastante. No es una tarea fácil, ni siquiera para nosotros, los adultos. ¿Cuándo tenemos bastante? Anna y Carl establecieron una relación que se basaba en la comida. Ella pensaba que Carl la pedía, y él nunca la rechazaba. Ninguno de los dos era capaz de decir «no» a este ciclo de continua alimentación. Resultaba difícil introducir otras formas de interacción, a Anna no se le ocurriría ofrecer otra clase de «comida» que implicara conversación, juegos, alimentar la mente de su hijo, brindarle otras experiencias que digerir. Cuesta alterar las pautas, y los cambios que se producen en ellas no son fáciles de percibir. Cuando Carl empezó a enviar señales nuevas, su madre tardó un tiempo en descifrarlas.

Carl (de veintiuna semanas) está tendido en el suelo, interesado por los juguetes que le rodean. Anna le levanta y Carl gimotea. Anna dice: «Ah, tienes hambre. Te traeré un poco de leche.» Deposita al pequeño en el suelo y se dirige a la cocina. Cuando regresa, Carl está entretenido y contento mirando un perro de juguete. Anna le coge y le da el biberón, que Carl ingiere en su totalidad.

Este fragmento ilustra cuán difícil le resulta a Anna advertir el nuevo interés de Carl por los juguetes. La costumbre de darle de comer se impone, y ambos reinciden en lo conocido. Otros niños habrían protestado, apartado la cara o expresado su deseo de jugar inclinándose hacia el juguete.

En esta pareja madre-bebé existía una relación que no era positiva al principio. El hecho de que su madre lo sobrealimentara, de que fuera incapaz de decir «no», condujo a que Carl nunca quedara satisfecho y tuviera exceso de peso. Con el tiempo Anna logró introducir cambios, ofrecerle agua y hasta papillas. La angustia que le habían provocado los abortos y el difícil parto de Carl le impedía ver que éste engordaba y crecía con normalidad. Su inseguridad acerca de si la leche de su pecho era bastante buena la impulsó a cambiar al biberón. Incluso entonces le costó caer en la cuenta de que estaba sano y bien. Sólo cuando la preocupación por la supervivencia del bebé hubo disminuido consiguió establecer los límites corrientes y encontrar otras formas de relacionarse con él.

Hemos visto que en las primeras fases de la convivencia es muy difícil comprender al bebé. Interpretamos sus expresiones según nuestras reacciones ante sentimientos de necesidad y nuestras ideas sobre el significado de la alimentación. El modo en que actuamos ante la comunicación del bebé le ayuda a discernir sus sentimientos. Por lo que respecta a Julie y Carl, sus madres casi siempre interpretaban su necesidad como hambre, y así aprendieron a comer, y en el caso de Carl a pedir comida cada vez que experimentaba un vacío, un sentimiento de necesidad. Estas pautas, si no cambian, pueden provocar problemas más adelante, pero en la mayoría de las familias son pasajeras y se superan, como en los dos ejemplos reseñados. Son los desajustes normales de dos personas diferentes que se encuentran en el momento en que son más sensibles y vulnerables.

ACCIÓN Y EXCITACIÓN

Los aspectos físicos del cuidado del bebé (comidas, cambio de pañales, baños, siestas) son necesidades evidentes que la mayoría de padres reconoce. El más sencillo cuidado emocional, hablar o cantar al bebé, la intimidad de abrazarle y animarle a interactuar, desempeña un papel igual de importante en su bienestar.

A algunas madres les cuesta limitarse a estar simplemente al lado de su bebé. Creen que necesita estar entretenido todo el tiempo.

Rosie, de cuatro meses y medio, está sentada en su andador, entretenida con un juguete grande de plástico provisto de botones. Cuando aprieta uno, se oye un sonido por el altavoz del costado. Está animada y concentrada. Mira los botones con los ojos abiertos de par en par y los labios húmedos, después abre la boca y babea un poco. Su madre, Liz, se acerca, pregunta por los sonidos y acciona un interruptor que los altera. Rosie nos mira a Liz y a mí, y vuelve a jugar. Al cabo de un rato de retorcerse y dar golpes, cambia de postura y se encuentra apoyada de una forma muy incómoda en el tacatá. Rosie se frustra, aporrea con más fuerza e intenta introducirse partes del juguete en la boca. Empieza a berrear. Su madre le quita el juguete y le ofrece un libro de tela. La pequeña se lo lleva a la boca y lo muerde. Hace una mueca, lo aparta y lo observa. Liz le tiende a continuación un chupador, que Rosie muerde con firmeza. Se encoge y de pronto rompe a llorar. Liz la levanta, la niña arquea la espalda y se empeña en tenderse. Liz la incorpora de nuevo e intenta que brinque. Rosie protesta, su madre la tumba, juega con sus pies alzándolos y bajándolos. Rosie la mira, saca y oculta la lengua, se frota los labios. Después Liz comienza a dar palmas al ritmo de una canción, y Rosie parpadea mucho, sobre todo con el último verso, cuando su madre le toca la nariz (*¡Por Rosie y por mí!*).

Suena el timbre de la puerta y llega una visita. La amiga coge en brazos a Rosie al instante, que se muestra insegura y seria. La mujer la aúpa con el fin de obtener una sonrisa. La pequeña se mantiene rígida, se inquieta, se retuerce, arquea la espalda y empieza a llorar. Liz la coge y abraza. Rosie se relaja al instante contra el cuerpo de su madre y se acurruca. Poco a poco sus ojos se cierran y su respiración se serena cuando cae dormida.

Al principio vemos que Rosie es una niña que es muy capaz de entretenerse con sus juguetes. Sin embargo, cuando se siente incómoda y cansada, la reacción de su madre consiste en ofrecerle más juguetes o actividades para entretenerla. Al final hasta la amiga intenta alegrar a la pequeña. Sólo al final nos damos cuenta de que Rosie ha conseguido lo que tal vez deseaba desde hacía rato. Hasta entonces han tratado de confortarla mediante actividades, cambios y excitación. Mamá prueba a estimularla con distintos métodos, en lugar de esperar y observarla para hacerse una idea de lo que quiere.

Es un caso muy común. La mayoría de la gente se siente impotente ante un llanto o un lamento y quiere «solucionarlo» cuanto antes. Con frecuencia creemos que lo podemos lograr «haciendo» algo.

Cuando la respuesta a la desazón es siempre la acción, el bebé aprende que sólo la actividad te hace sentir mejor. ¿Qué significa esta dinámica para la madre y para el bebé? ¿Qué mensaje se comunica? En el caso de la madre, podría ser éste: «No soporto oírte llorar, vamos a hacer algo enseguida para remediarlo.» En este punto su inquietud puede ser igual o mayor que la del bebé, lo que contribuirá a aumentar, más que disminuir, la de éste. En lugar de saber que cuenta con una persona que calma su llanto o le da forma, el niño puede sentirse contagiado por la preocupación de la madre. Una respuesta útil a sus sollozos podría ser: «No te preocupes, todo va bien, sólo estás cansado (quieres mimos, comer, hablar un poco).» Esta actitud os permitirá a ambos tener tiempo para averiguar qué le pasaba en realidad, y te ayudará a encontrar un modo de superar su desazón.

Quien se muestra muy activo en su respuesta puede dar a entender: «Vamos a apartar de tu mente lo que te preocupa.» Una distracción va bien de vez en cuando, pero cuando se utiliza siempre como método para paliar el disgusto, comunicas otra cosa. Estás diciendo, de una manera indirecta, que los lamentos no son aceptables para ti, en el mejor de los casos, o que son insufribles, en el peor. Desde el punto de vista del bebé, lo que tal vez empiece como un pequeño berrinche, una rabieta que necesita expresarse, puede convertirse en algo más serio. Si la queja se corta en seco, el niño aprenderá pronto que tales sentimientos son inaceptables y tendrá que descubrir formas de dominarlos por su cuenta. Todos somos un poco gruñones. No hay nada malo en refunfuñar o protestar de vez en cuando. Los padres han de aprender a quedarse al lado del niño rezongón, escuchar sus quejas y ofrecerle solidaridad: «Sí, sé que te sientes fatal, todos nos sentimos así alguna vez, no ocurre nada, pronto se te pasará...»

Al encarrilar el malestar del niño la madre no sólo le ayuda a superar ese momento concreto, sino que le proporciona un modelo de cómo hacer frente a las dificultades. Al tolerar su desazón, le indica que es un sentimiento aceptable y soportable, que los dos se sentirán un poco mal, pero que al final todo se solucionará. Refuerza la idea de que estar apenado no significa el fin del mundo, sino que se trata de un dolor normal que puede superarse. Esto contribuye a que el bebé se forme una imagen de sí mismo y del mundo como seguros. Aprender a sobrevivir a los problemas ayuda enormemente a desarrollar la propia entereza y la fe en los demás.

Si desde muy pronto se ofrece actividad como manera principal de acabar con la desazón, el bebé adoptará ese modelo, como se observa en las situaciones siguientes.

Leo, de diez meses de edad, acaba de aprender a andar sujetándose a los muebles. Muestra gran seguridad, pero es preciso vigilarlo. Le gusta correr por el salón de esta forma, y llama a su madre cuando requiere ayuda para desplazarse de una silla a otra. No quiere hacerlo a gatas. Grita de entusiasmo mientras camina por la sala, y chilla cuando necesita que su madre le eche una mano. Ella lo hace y pasan largos períodos de tiempo así. La actividad acaba por aburrirla, pero no soporta los berridos del niño cuando no acude y se preocupa por su sobreexcitación. El pequeño no está quieto ni un momento, y hasta sentarlo para comer resulta cada vez más difícil.

Celia, de siete meses de edad, tiene muchos juguetes y se sienta como una reina sobre una alfombra rodeada de ellos. No es muy activa y gimotea para que su madre le acerque el objeto que desea. Su madre pasa largas horas jugando con ella. Celia exige que la tengan entretenida en todo momento y deja claro con sus sonidos y gestos lo que quiere. Cuando su madre ha de hacer una llamada telefónica o preparar la comida, empieza a chillar. En cuanto su madre regresa, vuelve a jugar en silencio. Su madre no sabe qué hacer. Le gusta que Celia se entretenga durante tanto rato, pero detesta tener que estar a su lado todo el tiempo. También le preocupa observar que la niña sólo se muestra contenta cuando está ocupada.

Cuando la actividad constituye el método usual para hacer frente a la desazón, el bebé se sobreexcita, la madre se agota, tal vez piensa que el pequeño se aprovecha y abusa de ella, o se siente encarcelada y quiere huir de él. El niño, a su vez, se vuelve muy dependiente de la interacción, y tal vez le cueste estar solo. Cuando no hay alguien a su lado, se disgusta con facilidad y no encuentra la manera de entretenerse. Estos síntomas son propios de un bebé adicto a su madre o a la actividad, no de un chiquillo con un grado de dependencia adecuado. Actúa como si fuera a desmoronarse sin ella. Quedan atrapados en un ciclo sobrecargado de sentimientos y se sienten desdichados. Como hemos visto con la comida, la necesidad de llenar un vacío llega a ser insoportable, tanto para la madre como para el niño, lo que conduce a comportamientos compulsivos e impide la posibilidad de experimentar con elementos nuevos. Para suplir una carencia al instante, por lo general recurres a algo conocido, cosa que no permite la creatividad ni la emergencia de lo nuevo. Además, esta actitud provoca una atmósfera cargada de emotividad, en la que cuesta establecer la calma.

Todo ello puede tener repercusiones más tarde, con el síndrome del «estoy aburrido» de los niños en edad escolar, que vuelve locos a los padres. Asimismo puede establecer una pauta para el futuro que entorpezca su aptitud para reflexionar, explorar, ser atento y cuidadoso, en lugar de buscar acción sin cesar, lo que a su vez puede producir un importante efecto inhibidor en su capacidad de jugar y aprender.

A medida que el niño crece, mayor satisfacción obtendrá del hecho de alcanzar sus metas sin ayuda. Todos hemos visto el entusiasmo que expresa un bebé cuando al golpear dos objetos duros produce un fuerte sonido, o cuando tiende la mano para coger un juguete y lo logra. Recuerdo con admiración que mi hija pasaba largos períodos de tiempo intentando ponerse en pie, cayendo y volviendo a incorporarse. Era maravilloso ver el placer que le proporcionaba dominar su cuerpo. Hay numerosos ejemplos de niños pequeños que prueban y triunfan sin ayuda, lo que fortalece su autoestima. Si no han de esforzarse para nada, es posible que nunca se sienten motivados.

SEPARACIÓN

Es un gran logro para el niño sentir que es un ser independiente, pero el siguiente paso, la separación, puede ser difícil, tanto para él como para sus padres. Hay muchos momentos de separación a lo largo de la vida. Algunos opinan que la primera ocurre en el nacimiento, cuando el bebé abandona el seno materno y se corta el cordón umbilical. Es el primer ejemplo de que el cuerpo necesita emplear sus propios recursos con el fin de empezar a respirar. Hasta entonces el de la madre ha procesado la comida y las deyecciones del bebé en su lugar. Cada principio y fin (de una comida, de un sueño, de una mirada) es un pequeño encuentro y una separación.

LA HORA DE ACOSTARSE

A muchos niños los acunan, pasean arriba y abajo o sacan a dar una vuelta en el cochecito con el fin de que se duerman. Tanto la actitud de los padres como la personalidad del bebé son importantes. Si tu hijo es bastante sensible, se sobresalta al menor movimiento o ruido y llora con facilidad, tal vez te sientas tentada de caminar de puntillas mientras duerme. Como hemos visto al principio de este capítulo, uno de los papeles de los padres consiste en traducir los sentimientos del niño en algo que él pueda controlar. Otra de sus funciones es transmitirle una imagen del mundo. Una madre muy preocupada por no molestar a su hijo, o angustiada por despertarle, reforzará su naturaleza sensible. Adaptará su mundo a los deseos del niño, lo que sin embargo resultará imposible más adelante. No estoy diciendo que las criaturas sensibles deberían ser bombardeados con ruidos, sino que deberíamos pensar en cuál es el grado aceptable de caos o actividad en nuestro hogar, teniendo en cuenta a los demás miembros de la familia y lo que es soportable para el bebé.

Cuando un niño duerme, deja atrás el mundo de los que están despiertos. Ha de soltar amarras. Nuestros propios sentimientos al respecto influirán de manera decisiva en nuestra forma de abordar este momento. Algunos padres temen dormirse, sobre todo los primeros días. Muchos padres o madres se acercan al niño dormido para comprobar si sigue respirando. Existe un fuerte vínculo entre el sueño y la muerte. Hay gente que dice de un fallecido que «se ha ido a dormir» (no es una buena manera de explicar la muerte a los niños). La muerte y el sueño están unidos en nuestro inconsciente, y también en la literatura:

> *Nuestras esperanzas desmentían nuestros temores,*
> *y nuestros temores nuestras esperanzas desmentían.*
> *La creíamos muerta cuando dormía,*
> *y dormida cuando murió.*
>
> THOMAS HOOD, *The Death Bed*[11]

En el sueño podemos sentirnos aislados, inaccesibles. Es posible que temamos no regresar con aquellos que hemos dejado atrás, o que éstos no estén cuando despertemos. Nuestra capacidad de separarnos del bebé puede verse afectada por separaciones difíciles del pasado o por factores más mundanos relacionados con trabajar todo el día, echar de menos al niño, la emoción de reunirse, la soledad y muchos otros. Todas estas influencias determinarán la manera en que presentemos la inminente siesta al bebé. La creencia cierta en que el sueño proporciona descanso, es un momento agradable, un espacio seguro en el día normal, ayudará al niño. Establecer ciertos hábitos antes y después de dormir tal vez contribuya a convertirlo en un período de tiempo fácil de aceptar, que se vea integrado más que aislado del resto de la experiencia del bebé.

La señora T es una madre joven con su primer hijo. Su compañero debe ausentarse durante largos períodos por motivos de trabajo, y ella no tiene familiares cerca. Cuenta, eso sí, con numerosas amigas. Está totalmente entregada a su hija Shona, de nueve meses de edad. Pasan todo el día juntas y disfrutan mucho de la mutua compañía. La niña es alegre, activa y sociable. Sin embargo, las noches son difíciles. La señora T se siente muy sola. Shona se duerme con facilidad en su pecho, pero en cuanto la pone en la cuna se despierta y llora. La señora T nunca la ha dejado dormir sola, y la pequeña está acostumbrada a conciliar el sueño en sus brazos. La señora T no soporta oírla llorar, pues piensa que una niña tan feliz no lloraría si no tuviera un buen motivo. Se ha establecido la pauta de que Shona mama, duerme un par de horas, despierta y vuelve a mamar, así durante toda la noche. Esta situación se prolonga por espacio de varios meses, aunque está claro que la pequeña ya no necesita las tomas nocturnas. Sin embargo, la señora T no ve otra solución que no implique aflicción para su hija y, por tanto, para ella. Una amiga íntima reparó en que tanto Shona como su madre estaban agotadas. Se fue a vivir con ella unos días, para ayudar a la señora T durante la ausencia de su compañero. Estuvo a su lado cuando puso a Shona en la cuna y la dejó llorar hasta que concilió el sueño. Al principio la pequeña lloró durante una hora, pero poco a poco se fue abreviando el llanto. Al cabo de cinco días Shona logró dormirse sola.

Los principales elementos que ayudaron a la señora T en esta situación fueron dos. El primero fue tomar conciencia de que Shona y ella estaban exhaustas. Aunque Shona siempre estaba alegre de buena mañana, por la tarde se mostraba irritada y malhumorada. En cuanto descubrió que su resistencia a separarse de Shona y dejarla llorar no era útil, la señora T decidió cambiar. El segundo factor esencial fue el apoyo de su amiga. A la señora T y al padre de Shona les había resultado imposible tomar una postura conjunta. Él se ausentaba demasiado y estaba agotado y preocupado con sus cosas cuando se hallaba en casa. Las madres solteras no son las únicas que afrontan situaciones similares. La amiga de la señora T le hizo ver que el llanto de Shona no era desesperado y se sentó a su lado cuando la niña lloraba en la habitación contigua. Después de la primera noche, la señora T se sorprendió al observar que su hija despertaba con su alegría habitual y no daba señales de odiarla.

Es fácil comprender la resistencia de la señora T a separarse de la niña. Se siente sola sin su compañero y su familia. Además le cuesta infligir lo que considera dolor a su cordial y alegre bebé. Sin embargo, desde el punto de vista de la pequeña, la dificultad de la separación es más compleja: cuanto más dura le resulta a la madre, más imposible se le antoja a Shona. Al final se impuso un límite drástico. Ambas sobrevivieron y, como contaban con una base fuerte común, la recuperación fue relativamente fácil. Ambas ganaron fortaleza, y no necesitaron tanto contacto físico.

El bebé que se duerme acompañado tal vez se alarme al despertar solo. No ha superado la separación a base de dormirse solo. Tal vez le angustie conciliar de nuevo el sueño. Sin embargo, mientras permanece en la cuna, inventará métodos que le ayuden a dormir y es posible que disfrute mucho de ese tiempo a solas, como le ocurría a Michael cuando se despertaba solo.

Por otro lado, durante el sueño el bebé tiene la oportunidad de crear sus propios recursos. Dormir no es un estado estable, en el que entramos y salimos sin más. Se producen muchas sensaciones y emociones. Uno de los placeres que procura la observación infantil deriva de los cambios que experimenta el bebé mientras duerme. Muchos observadores quedan asombrados de su capacidad para calmarse.

Tally, de trece semanas de edad, duerme de espaldas, con la cabeza ladeada hacia la derecha. Permanece inmóvil durante cinco minutos. De pronto hace una mueca y se inicia una oleada de actividad que sacude todo su cuerpo. Levanta las rodillas, se frota la cara y las orejas con los brazos y las manos. A veces aprieta la sien. No deja de removerse. Hace pucheros y llega un momento en que da la impresión de que va a despertarse y gritar. Se coge la cabeza, con una mano a cada lado, lo que me recordó *El grito*, de Münch. De repente su cara adopta una expresión relajada. Más tarde patalea, se mueve con brusquedad y emite gemidos de desazón. Se frota la cara, y el pulgar y la boca se encuentran. Oigo sonidos de succión. Mueve los brazos y el pulgar se desprende. Esta pauta se repite varias veces. Al cabo de unos minutos, con un movimiento más decidido, coloca la mano derecha sobre la cara y se introduce el pulgar en la boca. Mientras lo chupa se calma de nuevo.

Aquí vemos cómo la pequeña Tally se las apañó con lo que tenía a mano y descubrió medios que le ayudaran a seguir durmiendo. Decir «no» a nuestro impulso de correr al lado del bebé que gimotea crea un espacio para el desarrollo.

EL DESTETE

El destete representa otra fase de la separación.

Josh, de veintidós semanas de edad, ha sido amamantado. Su madre, la señora E, ha de reincorporarse pronto a su puesto de trabajo y por este motivo intenta destetarle.
Josh empieza a inquietarse y gemir. La señora E habla de destetar al niño, que ahora mama dos veces al día. Dice que hoy probará a darle un zumo de fruta casero. Cuando Josh se muestra más nervioso, va

a buscar el zumo. Coloca sobre su regazo al pequeño, que llora, arruga la cara, y se retuerce. La madre le habla, pero el llanto es insistente y Josh babea. Ella le dice que el zumo le consolará e intenta dárselo. El niño roza la tetina con la cara, succiona un poco y la aparta con la lengua. Tiene la cara arrugada y roja, los ojos cerrados y berrea más que de costumbre. La señora E se angustia y le dice que no llore. Trata de calmarle en el regazo, después sobre el hombro, y luego procura distraerle. Le ofrece varias cosas: el zumo, su dedo para que lo muerda, juguetes, un sonajero, una pelota... Nada le interesa. Le entrega el chupete, que también rechaza. Se pone de pie con Josh sobre el hombro. El niño chilla, y ella se muestra nerviosa. Le susurra repetidas veces: «¡No, por favor!» Le tiende un mordedor, que según ella le calma en ocasiones. Josh lo prueba y grita con más fuerzas. La madre le da el chupete de nuevo y, al ver que no lo acepta, dice con aire avergonzado: «El último recurso.» Ofrece el pecho al niño mientras afirma que no contiene nada. El bebé se tranquiliza de inmediato y cierra los ojos con placidez. Al cabo de unos segundos parece dormido, aunque continúa chupando casi sin fuerzas. La señora E dice: «No me utilices como chupete; ya tienes uno.» Dos minutos después le aparta el pecho y lo sustituye por el chupete. Josh rompe a llorar, pero esta vez acepta el chupete y vuelve a dormir, muy tranquilo.

La señora E sabe que ha de prepararse para volver al trabajo, ha disfrutado mucho de su estrecha intimidad con el bebé y ha hablado con la observadora de sus preocupaciones sobre la separación. La comida es importante para ambos. El problema no sólo estriba en que el bebé se muestra remiso al destete, sino en que ella desea, por un lado, ayudarle a superar la separación y, por otro, gozar de los últimos días de lactancia. Sus sentimientos acerca de la necesidad de acelerar el destete influyen en la situación. En este momento ninguno se siente preparado para una separación prematura. Existe una culpabilidad latente, y la experiencia me dice que éste es uno de los grandes obstáculos que impiden pensar con claridad. También es habitual que el bebé rehúse un sustituto del pecho. En el caso que acabamos de exponer, la señora E pide a Josh que no la utilice como un chupete, lo que sirve para indicarle con firmeza, al menos con palabras, que ya no necesita la leche materna, que su pecho está vacío y que debería consolarse con el chupete. Su observación introduce además la idea de una canguro. ¿De veras la necesitará siempre, o se sentirá a gusto con la canguro durante una parte del día? La señora E se debate y al final no obedece a su deseo de destetarlo y le amamanta. El dolor que experimenta por abandonarlo e interrumpir la lactancia, sumado a la reticencia del niño se impone. En este momento tal vez intervenga cierto orgullo al saber que su hijo la quiere más que nada, «el pecho es lo mejor». Al final de la toma lleva a cabo un intento, saldado con éxito, de ayudar a Josh a aceptar una forma diferente de consuelo.

Cuando siempre damos al niño lo que pide, aceptamos que su elección es lo mejor para él. Es como decir: «Tienes toda la razón, no hay nada como el pecho, sólo te estaba embaucando con el zumo.» A menos que creas en la bondad de lo que ofreces, no lograrás presentarlo como algo positivo. En este caso el zumo es un sabor nuevo, y el bebé tal vez se resista a aceptarlo. Si reconoces que nada aparte del pecho servirá, no introduces a tu hijo en los demás placeres de la vida, diferentes sabores, olores, texturas. Le das a entender aquello de que «más vale bueno conocido que malo por conocer». La pionera del análisis infantil, Melanie Klein, subrayaba que es importante recordar que el destete comporta dos aspectos, uno negativo y otro positivo.[12] En el negativo, da la impresión de que todo se va a perder, el calor, el consuelo, la comodidad y la intimidad, la sensación de que es algo exclusivo, de que nadie más puede hacerlo. Madre e hijo se juegan mucho. En el positivo, se abre todo el mundo como un patio de recreo, se accede a innumerables cosas.

También está la cuestión de la rivalidad: ¿aceptará el niño que otras personas le den de comer? ¿Le gustará más la cuidadora del parvulario o la niñera? Puede experimentarse una tremenda sensación de pérdida, pero también existe una gran apertura. La madre tiene la oportunidad de ver cómo su bebé evoluciona, desarrolla su personalidad y disfruta de nuevas relaciones con otros seres. Además, consigue mayor libertad personal, se la necesita menos y puede reclamar parte de su cuerpo, así como su espacio mental.

¿POR QUÉ ES DIFÍCIL DECIR «NO»?

La forma en que reaccionamos ante las protestas de un bebé suele verse afectada por los sentimientos que experimentamos cuando no logramos lo que queremos o nos enfrentamos a las quejas, la ira, el disgusto o la insistencia de otra persona.

EL LLANTO

Después del nacimiento de un niño, las madres en particular, pero también los padres, pueden experimentar sentimientos muy primitivos. Tienen que re-crearse, asumir un nuevo papel. Tal vez recuerdan lo que sentían hacia sus padres. Durante el embarazo se han preguntado qué clase de madres serían y tal vez han imaginado el carácter del bebé. A la mayoría de los progenitores les resulta difícil soportar el llanto de su hijo. Además, es posible que se sientan criticados. Oírlo les provoca dolor y quieren calmarlo. Con frecuencia no saben cómo lograrlo, de modo que miran al niño para que les comunique de alguna manera la solución. De esta forma tenemos a dos o tres personas angustiadas e inseguras en la habitación, en lugar de a una sola, el bebé. En momentos como éste los padres necesitan distanciarse de su hijo, separar sus sentimientos de los de él. Deben pensar por sí mismos, en lugar de mirar a la criatura para que les guíe. Su traducción del llanto les ayudará a dar forma a su enfado y encontrar una forma de aplacarlo.

Para el niño llorar es, probablemente, el método más eficaz de comunicación. Las investigaciones han demostrado que los padres distinguen el llanto de su hijo recién nacido del de los demás al tercer día. Más o menos al final de la segunda semana son capaces de interpretar su significado. Los padres se sienten orgullosos de ello. Sin embargo, no siempre resulta fácil. Una madre necesita absorber la emoción, sentirla, antes de reaccionar, con el fin de comprenderla. Con frecuencia el llanto se te mete dentro, y ésa es la intención, así llegas a entender lo que significa. Sólo entonces puedes traducirlo en algo más soportable para el niño. No estoy diciendo que sea sencillo. De hecho, ciertos llantos desencadenan reacciones fisiológicas, como cuando nos enfrentamos a una emergencia (descarga de adrenalina, mayor presión sanguínea, más oxígeno al cerebro).

Nuestra experiencia contamina nuestra reacción, de modo que conviene echar un vistazo a los sentimientos y pensamientos que pueden asaltarnos cuando el bebé llora.

- ¿Suena el llanto como un reproche? Quizá lo interpretes como una crítica, y tal vez te hiera creer que el niño está diciendo que no eres buena. ¿Te recuerda la forma en que tu marido te trata a veces? Tu hijo es «igual que su padre». Sentirás la tentación de no mostrarte tan complaciente y te replegarás o irritarás.
- Tal vez el llanto te recuerde a tu tozuda y exigente hermana pequeña, que se abría paso a base de chillidos. En ese caso reaccionarás de una forma diferente, malhumorada. La frontera entre tu bebé y el recuerdo de tu hermana se hace borrosa. Podrías preguntarte, ¿hacia quién se dirige tu reacción?
- El bebé parece iracundo. Te sientes culpable y te preguntas cuál ha sido tu error. Te muestras indecisa y vacilante, y él se siente más inseguro.
- El niño parece sufrir dolores; y temes que esté muy enfermo. Te sientes confusa y no sabes cómo actuar. Tu mente se desboca y ya imaginas al bebé muerto. Cuando le duele algo, el niño puede tener la impresión de que se está desmoronando. Necesita que toleres la preocupación durante el tiempo suficiente para reflexionar y comprobar qué está pasando. Si la desazón se apodera de ti, empeoras la situación.
- ¿El niño parece angustiado? ¿Ver su estado te llena de desesperación? Quizá lo asocies, no tanto por recuerdos diáfanos como por sentimientos, con la sensación de desvalimiento e inseguridad respecto al futuro que experimentabas en la in-

fancia. La impresión de aislamiento te invade, y se diría que eres tú, no el niño, quien llora.

La siguiente observación es un ejemplo de cómo se funden los sentimientos de una madre con el llanto del niño. Durante una toma, la madre había hablado de un parto muy largo y doloroso, que había provocado problemas físicos tanto a ella como al bebé.

Jane (de dos semanas) está inquieta, luego llora, y el llanto da paso a prolongados resuellos y gimoteos. Su madre la coge y la mueve arriba y abajo, sin dejar de hablarle. Los movimientos se convierten en vigorosas sacudidas. Jane berrea y tuerce la cara. Esto se me antoja muy incómodo y discordante, y me siento angustiada. Demasiado, demasiado, pienso, y quiero acunar al bebé con suavidad. Me pregunto quién está siendo mecida y consolada, la niña o la madre.

En este caso parece que el llanto resulta insoportable a la madre. Al mecer al bebé da la impresión de que intenta calmar el desconsuelo de ambas. Utiliza el movimiento físico para tratar de sacudirse de encima sus sentimientos respecto al parto.

La forma en que controlemos nuestros sentimientos sobre el llanto del bebé afectará a su manera de lidiar con sus emociones. Si cedemos al pánico, reforzaremos sus temores. Si no le hacemos caso, quizá se deje llevar por la desesperación, pues no es un ser autónomo. Tal vez renuncie a protestar y se repliegue en sí mismo. A base de ensayos, tendremos que descifrar el significado del llanto e intentar ofrecer al niño el consuelo que podamos. A veces esto implica algo que nos es factible y solemos pasar revista a sus posibles necesidades: una toma, un abrazo, un cambio de pañales, una toalla, lo que sea. En otros momentos el pequeño necesita encontrar una solución por sí solo. Tras haber probado todo lo que esté a nuestro alcance, hemos de decir «no» a nuestros intentos de calmarle y a la llamada de su llanto. El eminente pediatra norteamericano Berry Brazelton escribe:

En un momento del día en que el sistema nervioso del bebé esté al rojo vivo, los cuidados excesivos y la angustia de los padres pueden sobrecargar su capacidad para asimilar y utilizar los estímulos. Pueden incluso interferir en la pauta del bebé de consolarse y confortarse... Cuando necesita, durante breves períodos de tiempo, «llorar», es muy probable que se excedan en sus intentos de tranquilizarlo.[13]

Como hemos visto, el bebé precisa su espacio, un tiempo para buscar lo que necesita, solo. Tal vez a los padres les cueste aceptarlo, contenerse y no interferir en los esfuerzos del niño. Han de controlar su inquietud, no sólo la del niño.

DESENMARAÑAR LOS SENTIMIENTOS

Descubrir de quién son los sentimientos o identificarlos es complicado, así como el tema habitual de muchas sesiones de psicoterapia. El siguiente ejemplo procede de mi trabajo como psicoterapeuta infantil en el departamento de pediatría de un hospital. El pediatra de consulta derivó a la pequeña Zuleika, de cuatro meses, junto con su madre, debido a una falta de peso a la que no encontraban causas médicas. Estaba muy pálida y alicaída, y no mejoraba.

La señora C estaba angustiada porque su bebé no engordaba, y agotada porque Zuleika mamaba mucho, sobre todo por la noche. Cuando hablamos, resultó evidente que la señora C y Zuleika estaban muy unidas físicamente. La madre abrazaba a Zuleika, la acariciaba, prestaba atención a todos y cada uno de sus gemidos y no permitía que se moviera mucho. Explicó que su familia vivía en el extranjero. Pensaba que su matrimonio había cambiado tras la llegada de la criatura. A su marido le molestaba que estuviera menos a su disposición. Trabajaba muchas horas, apenas ayudaba en casa, era más bien tradicional en la distribución de los papeles. Echaba de menos la intimidad y sexualidad que habían compartido antes, y ella sospechaba que no veía con buenos ojos su necesidad de descanso y apoyo. Mientras hablaba, rompió a llorar. Zuleika se apretó contra su pecho y la señora C la abrazó. Se lo hice ver, y hablamos de que ella también echaba de menos a su madre, y de su necesidad de ser «alimentada» con cosas buenas para ser más fuerte que Zuleika.

Durante nuestras sesiones asoció muy pronto sus sentimientos hacia Zuleika con su necesidad de bienestar y cariño. Las dos observamos que la reacción de la pequeña, cuando la señora C hablaba de su sensación de aislamiento, era abrazarla y darle palmaditas. También comentamos que estrechar y acurrucar a Zuleika ayudaba a la señora C a sentirse mejor, menos sola. La intimidad de las tomas surtía el mismo efecto.

De esta forma empezó a diferenciar sus necesidades de las de Zuleika, y ésta realizó progresos muy pronto. De la experiencia de Zuleika deduzco que, si bien su madre la alimentaba sin cesar, no resultaba nutritivo desde un punto de vista emocional, sino que agotaba los recursos de la criatura. Durante las tomas Zuleika proporcionaba consuelo y solaz a su madre, pero quedaba vacía y, por tanto, pálida y alicaída.

Distinguir qué necesidades se satisfacen puede resultar muy útil y suele lograrse con poco trabajo. Vi a Zuleika y su madre dos veces, y sé por el pediatra que los progresos continuaron. Creo firmemente que se debe intervenir cuanto antes para ayudar a los padres en esta vulnerable pero muy flexible fase, cuando tantas cosas están cambiando en su vida. Existe la oportunidad de alterar las pautas antes de que se establezcan.

Hemos visto que, sobre todo en los primeros días, las madres toman contacto con sus sentimientos infantiles, con frecuencia de necesidad. Tal vez quieran tener a sus madres cerca para que las cuiden y bendigan por el nuevo papel que han asumido. Muchas culturas poseen rituales para procurar que las nuevas madres tengan madres a su vez y no se sientan abrumadas por el cuidado de toda la familia.

FANTASMAS EN LA HABITACIÓN DE LOS NIÑOS

Todos guardamos en nuestras mentes y corazones a personas (padres, hermanos, amigos, profesores, etc.) con las que sostenemos conversaciones internas. A veces nos sirven de ayuda, otras no. Estas figuras adquieren protagonismo cuando nos vemos sometidos a una fuerte tensión. Por ejemplo, cuando tratas de calmar a tu bebé, quizá le acaricias la frente con suavidad al recordar qué bien te sentaba cuando lo hacía tu madre. Tal vez repites el gesto conscientemente, o lo haces de una manera automática, sin saber muy bien por qué.

En ocasiones el impacto de nuestro pasado es inconsciente y poco útil. Una gran psicoanalista infantil estadounidense, Selma Fraiberg, escribió:

> En todas las habitaciones de los niños hay fantasmas. Hay visitantes indeseables del pasado no recordado de los padres, los invitados indeseables del bautismo. En circunstancias favorables, estos espíritus hostiles son expulsados de la habitación de los niños y vuelven a sus moradas subterráneas. El bebé reclama de forma imperativa el amor paternal y, en estricta analogía con los cuentos de hadas, los lazos del amor lo protegen tanto como a sus padres de los intrusos, los fantasmas malévolos.[14]

Al señor H le costaba adaptarse a su nuevo papel de padre. Echaba de menos estar a solas con su mujer y tenía celos de la intimidad que compartía con el recién nacido. Tal sentimiento le provocaba remordimientos, pero no podía controlarlo. Le molestaba que su esposa le pidiera que colaborara en los cuidados del niño, lo que causaba fricciones en el matrimonio y hacía que se mostrara todavía más irritado con el pequeño. Se estaba forjando una espiral de amargura.

Cuando acudieron a mi consulta, el señor H expresó con claridad los celos que le despertaba su hijo. «¡Siempre estás con él y apenas me prestas atención!», reprochó a su mujer. También estaba enfadado por tener que llevar y traer cosas para el niño, y dijo: «No sé para qué, si no me da nada.» La señora H se puso a la defensiva y trató de justificar su comportamiento explicando que en aquella fase el bebé la necesitaba más. Me sorprendió que hablara a su marido como si fuera un hermano rival, en lugar del padre de su hijo. Él también se expresaba de una manera un tanto infantil. Cuando lo comentamos, el hombre recordó los celos que había sentido de su hermano pequeño y lo poco que había significado para su madre. En cuanto este hecho salió a la luz, ambos procuraron no caer en pautas del pasado. El señor H intentaba darse cuenta de cuándo perdía de vista a su hijo y lo sustituía por su hermano. La señora H resistió la tentación de tratar a su esposo como a un niño. No fue una cura milagrosa, sino el principio de separar el pasado del presente.

La señora J consideraba que su hija de cuatro meses, Mary, era intratable y exigente. Con frecuencia se pasaba horas llorando. En esos momentos la señora J se sentía inútil. Cuando hablamos de ello, se puso a llorar y afirmó que se había esforzado al máximo, pero daba la impresión de que nada era suficiente para su hija. Comenté que esa circunstancia parecía disgustarla mucho. Asintió y explicó que se había sentido igual toda la vida. Por más que se esforzaba, su madre nunca la alababa y siempre esperaba más de ella.

Nos dimos cuenta de que el llanto de Mary era como un eco de la experiencia infantil de su madre, y de que la pequeña se convertía en la exigente madre de la señora J en su mente. Esto la conducía a mimarla en exceso para obtener respuestas positivas. Anhelaba ver en sus ojos el reflejo de que era una buena madre, lo que, no obstante, imponía excesiva presión, demasiadas exigencias, a Mary, que se abrumaba y lloraba. Con el tiempo la señora J fue capaz de interpretar el llanto de su hija como un signo de necesidad, no un reproche, y lo llevó mucho mejor.

LA AFLICCIÓN

En algunos casos los «fantasmas de la habitación de los niños» están relacionados con una muerte real. A una madre que traté le resultaba muy difícil separarse de su bebé, Ali, aunque fuera por poco tiempo. La señora O no se sentía tranquila cuando lo dejaba al cuidado de otra persona. Por otro lado le costaba sobremanera fijar límites. En la primera sesión de terapia lloró y recordó la pérdida de un hijo anterior cuando tenía tres semanas. Había querido poner a su hijo el mismo nombre, y en cierto sentido lo consideraba un sustituto. El deseo de reemplazar es muy común, incluso después de un aborto. Cuando miraba a Ali, veía en ocasiones al pequeño Ahmed, que había fallecido. Sus ansias de proteger a éste y no dejarle morir se transfirieron a Ali, al que veía como frágil y delicado, aunque en realidad era robusto y sano. Es una reacción muy comprensible, y analizándola hasta sus raíces pudimos fijarnos en Ali y pensar en sus necesidades específicas. La señora O logró comprender que, al ver a Ahmed en lugar de Ali, no ayudaba en nada a éste. Su comportamiento estaba obrando el efecto contrario del que deseaba. En lugar de crecer con el reflejo en los ojos de su madre de que era un chico fuerte, Ali se veía frágil y endeble. Lo que su madre hacía para protegerlo le volvía más vulnerable. La terapia consistió en observar al pequeño con atención y pensar en cómo era, cómo reaccionaba. Situar a Ali como un individuo diferente, con su propia realidad, desvió la atención de Ahmed. El niño vivo se hizo más real, y la señora O adquirió mayor conciencia de la pérdida de Ahmed. Ali siempre sería Ali, nunca Ahmed. Abandonar el sueño de sustituir a éste también la ayudó a llorar su pérdida. En cuanto consiguió ver a Ali tal como era, logró mostrarse más firme con él, decirle «no» cuando era pertinente, sin el miedo a abrumarle o perjudicarle. Su naturaleza robusta pudo florecer.

    La situación de otra madre a la que atendí poco después de la muerte de su hija era diferente. Traté a la señora C cuando su hija, Angie, estaba en la Unidad de Cuidados Especiales Infantiles. Continuamos las sesiones después del fallecimiento de la pequeña y durante su siguiente embarazo, parto y primeros meses de su segunda hija, Cassie. Angie había sobrevivido, aunque muy enferma, durante siete meses. La señora C se había sentido muy unida a ella y había acudido al hospital a diario.

Cuando quedó embarazada de nuevo, temió que no querría tanto al segundo bebé. En las primeras semanas posteriores al parto se sintió muy irritada por las demandas de Cassie, que no se veía capaz de satisfacer. Le resultaba más fácil decir «no» que darle lo que quería. Se refería a ella como «el bebé», casi nunca utilizaba su nombre y la describía como una criatura regordeta, sin mucha personalidad, dormilona y tragona, tal vez demasiado. En contraste, recordaba a Angie como una niña pequeña, pero llena de energía y determinación, cuya capacidad de lucha había admirado. Al hablar de ello le encolerizaba que Cassie, nacida con salud, tuviera lo que a la otra le había faltado. Además, se sentía desleal con la primera por tener a ésta. Por último, se mostraba reacia a sentirse unida a la nueva niña por temor a que la tragedia se repitiera. Su actitud hacia Cassie le provocaba remordimientos. Cuando logró verbalizar sus sentimientos, que consideraba inaceptables, se vio capaz de transmitirlos a otra persona, en lugar de quedar paralizada por la angustia. Después conseguimos diferenciar a Angie de Cassie. No poseían las mismas cualidades y eran muy diferentes. También hablamos de cómo abrir un espacio en su vida para Cassie que al mismo tiempo no borrara a Angie de su corazón. La capacidad de dispensar cuidados y amor que había demostrado con Angie, no había desaparecido, estaba en su mano ofrecerlos, no tenían que morir con la niña. Trabajamos juntas con encono para crear un espacio donde llorar a Angie y, a la larga, dar la bienvenida a Cassie.

Como demuestran las investigaciones, el dolor y la pena de haber perdido a un hijo suelen permanecer latentes y afloran con el nacimiento del otro. Reconciliarse con los fantasmas de pasadas experiencias dolorosas es una tarea valiente y ardua. Mi corazón y admiración acompañaban a la señora C tanto durante las sesiones como entre ellas, por su coraje, sinceridad y capacidad de recuperación.

MÁS ALLÁ DE LA ECUACIÓN MADRE-HIJO

PADRES Y OTROS

En el primer año el bebé está mucho más unido a la madre. No obstante, los padres también desempeñan un papel crucial. Aportan una forma diferente de estar con su hijo, otra clase de relación íntima. Hemos visto que en ocasiones las madres se sienten muy ligadas a su bebé y tan abrumadas y confusas como él. En estos momentos los padres cumplen una función esencial al ayudarlas a mantener su posición y no dejarse dominar por sus sentimientos infantiles. Pueden protegerlas interponiéndose entre ellas y el bebé del que no pueden separarse. De este modo la mujer tendrá tiempo para recuperarse, descansar y disponer de un espacio propio.

En los primeros días el padre debe apoyar a la madre para que ella pueda apoyar al bebé. Su función consiste en separar a la madre del niño cuando a ella le cuesta decir «no», insistir en que el bebé duerma en su propia cama, aportar una opinión diferente cuando la madre intente decidir en qué momento debe destetar a su hijo, por ejemplo. Éste es el papel del padre como «celador» (en algunas familias es el padre a quien le resulta difícil fijar los límites. Lo importante en este momento es acceder a un punto de vista alternativo y a una perspectiva incontaminada cuando estamos demasiado ligadas al bebé).

Las investigaciones del pediatra T. Berry Brazelton[15] demuestran que los padres interactúan con sus bebés de una forma muy diferente de las madres. Los padres tienden a practicar juegos más físicos y activos con ellos, y los niños prefieren enfrascarse en actividades lúdicas con ellos. Se trata de una atracción positiva para el pequeño y un ensayo de relacionarse con los demás.

Cuando un bebé empieza a reconocer a sus progenitores, mantiene una relación con cada uno, como si formara pareja con uno y luego con el otro. En la relación triangular de bebé, madre y padre, habrá momentos en que se relacione con ambos, pero también observará que mantienen un vínculo entre sí del que está excluido. Es el principio del fin de la pareja que forma con su madre y de su salida a un mundo mucho más amplio. El bebé es egocéntrico por naturaleza y aprende con lentitud que existen lazos que no giran alrededor de él y que, a la larga, algunos ni siquiera le incluyen. Habrá momentos en que un padre o una madre, cuando el niño le llame, diga: «Espera, que estoy hablando con mamá/papá.» Es importante aprender que lo que hace alguien es independiente de ti. En este caso, la espera no es por lo que has hecho, sino por lo que están haciendo ellos.

Escribo sobre los padres como el tercer miembro de la familia porque con toda probabilidad su importancia es mayor. También hay que considerar las relaciones con los hermanos, por supuesto, pero suelen estar controladas, hasta cierto punto, por uno de los progenitores. Por otro lado soy consciente de que muchos bebés se crían con madres solteras. En ese contexto creo que existe una gran necesidad de una tercera persona, un adulto, para que la pareja madre-hijo no se enmarañe de tal forma que ponga trabas al desarrollo. Esa tercera figura puede ser un compañero, una madre, una amiga. Tal vez deba ser más de una persona realizando funciones diferentes.

PUERICULTURA

Uno de los hechos fundamentales de esta fase se centra en transferir o compartir el cuidado del niño. Todos los aspectos abordados en este capítulo aflorarán en este momento. Este cambio implica separación, delegación en otra persona, una reacción ante las protestas del bebé y la aparición de diferentes estilos y límites.

Elegir un canguro resulta difícil. ¿Escoges a alguien parecido a ti? En tal caso ¿parecerán las diferencias más problemáticas? Tal vez des por sentado que lo hará todo igual que tú. ¿Eliges a una chica joven, a la que puedas dar instrucciones y enseñar? ¿Te preocuparás por si es lo bastante responsable? ¿Te decantas por una figura estilo abuela que te inspira confianza? ¿Será difícil indicarle lo que debe hacer? Todas estas elecciones acarrean un bagaje emocional. La persona encargada de tu bebé te inspirará sentimientos encontrados. Es mejor estar preparada para esto. Tal vez te sientas henchida de una *mélange* de gratitud, celos, alivio, competitividad, cooperación. Es importante para el bienestar del niño que forjes una buena alianza con su canguro, sin apartarte de él.

A veces, cuando se incorporan al trabajo, las madres piensan que han perdido a su bebé. Al regresar a casa lo ven como un pequeño desconocido, pues no han sido testigos de sus actividades y cambios de ánimo. Si es un niño difícil, tal vez piensen que ha cambiado o que la canguro no es buena para él. En estas situaciones es importante procurar que la comunicación sea idónea. Brazelton estudió a un grupo de bebés de cuatro meses atendidos durante ocho horas al día en una guardería. El lugar se eligió por su elevada calidad. Los niños solían dormir y despertar en ciclos regulares, y no trababan relaciones demasiado estrechas con sus cuidadoras. Al final del día, cuando los padres iban a recogerlos, las criaturas parecían desmoronarse, chillaban y lloraban. El equipo informaba a los padres de que ésa no había sido su conducta durante la jornada. Brazelton señala que el bebé reserva su pasión, sus sentimientos más intensos, para aquellos que le importan. Es una buena señal. Cuando el bebé se queja después de una separación significa que está unido a ti. El factor importante es que los dos os recobréis.

No sirve de nada extraer conclusiones prematuras sobre el niño o cómo le cuidan, sobre si ya no te quiere, etcétera. Si tu hijo llora cuando se reencuentra contigo, tal vez despierte en ti sentimientos de culpa, lo que interfiere en tu capacidad de pensar con claridad. Quizá te digas: Oh, lo ha pasado fatal, no debería haberle dejado, nunca me perdonará. Te transformas en alguien malo. El niño puede captarlo y adoptar una actitud cautelosa respecto a la intimidad. Si has hecho todo lo posible para procurarle buenos cuidados durante tu ausencia, una táctica más útil sería tranquilizarle diciéndole: «No te preocupes, mamá ya está aquí. Yo también te he echado de menos. Sí, el día ha sido largo, pero ahora estamos juntos.»

Tal vez te sientas impulsada a culpar a su cuidadora por el

mal humor o los cambios de comportamiento del bebé. Lo mejor será no buscar responsabilidades y pensar en lo que significa esa conducta y cómo puedes ayudar. Si desconfías de la persona a cuyo cuidado dejas a tu hijo, éste se sentirá inseguro y sufrirá más durante el período de separación.

Por otro lado, hemos de aferrarnos a nuestro deseo de sentirnos mejor y no apremiar al bebé a que nos tranquilice. Debes intentar calmarlo, por supuesto, pero también has de admitir su furia y permitirle que la exprese. Si no es capaz de manifestar su disgusto y no le ayudas a procesarlo, encontrará maneras de capearlo rígidas y defensivas, lo que coartará su desarrollo.

Además, hemos de potenciar nuestra flexibilidad. A veces sentiremos la tentación de poner distancia entre nosotras y el bebé con el fin de no echarle demasiado de menos. Debemos aprender a soportar la separación, pero también a estar juntos: un toma y daca.

Es preciso aceptar que existen muchas formas de cuidar a una criatura. Tal vez nuestro modelo no sea el único. Debemos decir «no» a nuestro deseo de controlar todo cuanto le ocurre durante nuestra ausencia. Es importante para ti, y también para tu hijo, que expongas con claridad tus normas y límites a la persona que lo atiende. Además, hay que ceder su cuidado en la creencia de que la otra persona es competente. Como hemos visto, el intercambio con los niños ha de ser sincero, ha de salir de dentro. Los bebés, sobre todo porque carecen de lenguaje, captan la comunicación emocional, tu mirada, el tono de tu voz. La forma en que la cuidadora se relacione con tu hijo, si se muestra sensible a sus indicaciones, capaz de escuchar y canalizar su protesta, será un indicador excelente de cómo se llevará con él, mejor que si sus límites coinciden por completo con los tuyos. Se ocupará con más entrega si sigue su propio criterio que si le obligas a adoptar el tuyo.

En ocasiones los padres tienen pocas opciones sobre el cuidado de su hijo, pero si continúa inquieto, deja de dormir o comer, se muestra reservado durante un período prolongado de tiempo, te darás cuenta de que no son reacciones normales a la separación. En este caso, tal vez debas buscar una alternativa.

Por otro lado, es posible que tu bebé se adapte muy bien y evolucione sin problemas. Te sentirás aliviada y feliz, pero tal vez debas refrenar tu deseo de serlo todo para él, la única que importa. Es más fácil decirlo que hacerlo. Te servirá de ayuda recordar que el bebé ha desarrollado aptitudes sociales y la capacidad de estar sin ti, gracias a los cuidados que le has dispensado y seguirás dispensándole.

RESUMEN

El recién nacido es un ser complejo, muy unido a ti, desde el primer momento. Con el fin de desarrollarse, necesita que sintonices con su forma de comunicarse. Lo más importante es la interacción y la empatía mutua. El recién nacido se siente abrumado con facilidad por sus sentimientos, tanto físicos como emocionales, de modo que necesita que alguien piense en su estado mental. Necesita que comprendas lo que le ocurre y, mediante tu reacción, diluir la intensidad para regresar a un estado en el que pueda dominarlo. Gracias a tu interpretación de su comportamiento, empieza a hacerse una idea de quién es. Y gracias a la forma en que lo tratas aprende cómo la gente se enfrenta a los sentimientos fuertes. Si te muestras atenta y respondes a sus señales, se sentirá amparado y contenido. Desarrollará su capacidad de asimilar y participar en el mundo que le rodea. Es preciso que tus respuestas e interpretaciones de su estado sean «lo bastante buenas». Cierto grado de desacuerdo y reconciliación ayuda al desarrollo. Desde esta posición básica, será capaz de aceptar los límites fijados.

Decir «no», en sus diversas variantes, es esencial para establecer una distancia entre el deseo y su satisfacción. Algunos aspectos de la educación infantil (separación, destete, soportar el llanto) refuerzan los límites. A casi nadie le resulta fácil escuchar o decir «no». Influyen en nosotros muchos factores, relacionados o no con nuestro pasado, nuestra situación actual y nuestra idea de cómo somos. La resistencia a establecer límites puede obstaculizar el desarrollo de las capacidades de nuestro hijo. He intentado demostrar que decir «no» es útil. Representa un vacío o un espacio en el que pueden acaecer otros acontecimientos. Desde este punto de vista, no es tanto una restricción como una oportunidad abierta a la creatividad.

2
DE DOS A CINCO AÑOS

Cuando te traigo juguetes de colores, hijo mío, comprendo por qué existe tal paleta de colores en las nubes, en el agua, y por qué las flores están pintadas con matices... cuando te regalo juguetes de colores, hijo mío.

Cuando canto para que bailes, entiendo muy bien por qué existe música en las hojas, y por qué las olas envían sus coros de voces al corazón de la tierra que escucha... cuando canto para que bailes.

Cuando deposito dulces en tus ávidas manos, sé por qué hay miel en la copa de una flor, y por qué los frutos están henchidos en secreto de dulce zumo... cuando deposito dulces en tus ávidas manos.

Rabindranath Tagore,
Cuándo y por qué[16]

EL REINO MÁGICO

Un niño pequeño convencido de que un león se esconde debajo de su cama o de que el inodoro le engullirá no está loco. Es un niño normal. En su mundo, la diferencia entre la fantasía y la realidad es borrosa. Se pregunta si en verdad existen los dragones, si hay brujas, si tienen poder los pensamientos, si se puede conseguir que ocurran cosas sólo con pensarlas. Apasionados como son, ven y experimentan el mundo de una manera radical, en blanco y negro, sin tonos intermedios.

En todas las culturas existen fábulas y cuentos populares que recogen esta visión del mundo. Por lo general los rasgos de los buenos y los malos están exagerados, son personajes unidimensionales. El héroe derrocha bondad, el villano es todo maldad. En las familias hay una hija hermosa y otra fea. La madre es perfecta, la madrastra, malvada. Un hermano es inteligente pero hosco, el otro estúpido pero bondadoso, y así sucesivamente. A los niños les encanta escuchar estos cuentos una y otra vez, aguardan con expectación los momentos aterradores o emocionantes, participan, se asustan, se tranquilizan, se identifican con el héroe y reciben el final feliz con vítores. Todos nos identificamos con estos placeres, sea cual sea nuestra edad, pues las historias tratan de anhelos, esperanzas y angustias humanas esenciales: la búsqueda del amor verdadero que lo conquista todo, como en *La bella y la bestia*; la victoria de la bondad sobre la tiranía en *La Cenicienta*. Las moralejas de estos relatos nos alientan a luchar por fines positivos y confirman que decantarnos por nuestro lado bueno tendrá su recompensa.

Bruno Bettelheim escribió un libro fascinante titulado *Psicoanálisis de los cuentos de hadas*,[17] que investiga la importancia de este género literario. El autor opina que ayudan a los niños a superar sus miedos y preocupaciones. Estoy segura de que todos hemos observado o recordamos por propia experiencia, que las partes aterradoras de los cuentos de hadas fascinan a los chiquillos, que desean oírlas una y otra vez. La moraleja del relato es siempre de una claridad meridiana, aunque mi padre refiere el chiste de una niña pequeña que explicaba a su mamá cuánto le asustaba *Blancanieves*; la madre le pregunta cuál es la parte que más miedo le da, y la pequeña contesta: «Al final, cuando ese desconocido llega y se la lleva de la casa de los enanitos.» Interpretamos el cuento en función de nuestros deseos. No lo escuchamos con la realidad en la mente, sino con la imaginación, y nos concentramos en cómo afecta a nuestros deseos y temores. No nos parece alarmante que el príncipe se enamore al instante de alguien a quien no conoce, o que Blancanieves, al despertar, abandone todo cuanto le es familiar para marchar con ese desconocido. No es el modelo que creemos dar a nuestros hijos cuando contamos el cuento. El mensaje de la historia que relatamos es que el amor de una persona puede salvarte de los ataques de otras y rescatarte, por adversas que sean las circunstancias.

Los niños crecen creyendo que los padres son magos y hadas, capaces de arreglarlo todo. Sin embargo, todavía siguen asustados, por acogedora que sea la casa. Los monstruos, brujas y ogros continúan al acecho. Muchas familias que han decidido no comprar juguetes violentos a sus hijos se asombran cuando les ven escenificar grandes batallas o asustarse de su conejito de peluche.

Un aspecto de los niños que viven en un mundo mágico es su creencia de que todo es posible. Suelen tomarse las cosas al pie de la letra. El pequeño Harry armaba un escándalo siempre que pasaba ante una habitación concreta de su casa. Al final, confesó a su madre que tenía miedo de la terrible jirafa que, según ella había dicho, cruzaría la puerta. La madre no lo entendió, hasta que recordó que un día se había quejado de la corriente de aire. Por eso es tan importante hablarles con claridad y sencillez. Amenazas como «no pongas esa cara. Si el viento cambia, te llevará con él» son muy reales para los pequeños. Uno de los motivos de que crean en cosas fantásticas es que su mundo interior, el de sus pensamientos y sentimientos, es muy apasionado. Cuando oyen decir a alguien «me enfadé tanto con él que podría haberle matado», lo interpretan de forma literal, porque en ocasiones experimentan sentimientos asesinos hacia aquellos que les coartan.

Es fácil comprender por qué realidad y fantasía se confunden en esta edad. El miedo a los padres que están enfadados, la facilidad con que se convierten a sus ojos en monstruos, pueden transformar un conflicto trivial en algo muy grave.

Cuando su padre le dice «no», Jack reacciona igual que ante un gigante dispuesto a matarle, como en el cuento de *Jack y las habichuelas mágicas*. El señor B es un hombre bondadoso, al que le cuesta decir «no» a su hijo. Cuando lo hace, éste reacciona con tal furia que el señor B piensa que le considera un malvado. Intenta razonar con él y sólo consigue que se enfurezca más y actúe como si su padre le hubiera pegado, cosa que nunca ha hecho. Entonces el señor B se enfada muchísimo por la imagen de sí mismo que ve reflejada en los ojos de Jack, la de un padre brutal y detestable. Algo tan simple como la voluntad de fijar un límite desencadena una fuerte discusión, que disgusta a los dos.

Jack reacciona ante su propia interpretación de lo que significa un «no», en lugar de ante la actitud de su padre. Su mundo está habitado por hadas y brujas, magos y ogros. Cuando papá dice «no», Jack lo transforma en alguien poderoso que está contra él y sin duda desea ser un gigante y plantarle cara. Sin embargo, en su mente Jack convierte a su padre en alguien que no es en realidad. Entonces éste se enfada, como es lógico, y puede llegar a mostrarse mucho más desagradable. Tal vez piense: ¿Cómo se atreve a tratarme así, como si fuera malo o le hubiera pegado? En este punto, es probable que, en lugar de que papá tranquilice a Jack, prevalezca la ira, y el padre se convierta en el gigante que reprime a su hijo con voz tonante. Así, la fantasía del pequeño encuentra un eco en la realidad, y los dos quedan desdibujados.

FIJAR LÍMITES

El gran reto de los padres consiste en alimentar la pasión y la implicación de su hijo en el mundo, así como enseñarle a adaptarse a las normas de la sociedad. Saber decir «no» es esencial cuando el niño empieza a andar. Durante esta fase se mueve por todas partes y se expone a numerosos peligros, de manera que el problema de la disciplina cobra importancia. En la vida corriente de un hogar donde vive una criatura que empieza a andar, tal vez la palabra más utilizada sea «no».

Es difícil recibir un «no», y cada uno lo afronta de diferente manera. Algunos niños esgrimen la palabra como un arma y gritan «no» con fuerza cuando les piden que hagan algo. Otros la emplean para identificarse con los adultos. Cuando mi hija Sushila tenía dos años, le resultaba muy difícil aceptar un «no». En general, se portaba muy bien y no protestaba. Sin embargo, cuando estaba en compañía de su primo de catorce años, respondía a todo cuanto le decía de una forma bastante paternalista: «No, Teshi, no», como si él fuera un chico irracional. Supongo que su forma de asimilar muchos «noes» era adoptar el papel adulto tal como ella lo experimentaba y hacerle sentir como ella: tonto y pequeño.

Los niños de esta edad son muy impulsivos, activos, exigentes y curiosos. Estos atributos pueden considerarse cualidades o defectos, según el punto de vista. Un niño que arroja sartenes al suelo de la cocina y las aporrea con cucharas puede ser visto como un batería en ciernes, con un fantástico sentido del ritmo, un científico que explora las características de dos objetos que entran en contacto, un mocoso ruidoso, un chiquillo desordenado sin la menor idea de para qué sirven los objetos, etcétera. Tu imagen de él depende de muchos factores. Como vimos en el capítulo 1, numerosos elementos influyen en nuestra forma de ser y en nuestra visión del mundo. Además, también nos afecta lo que ocurre en una situación concreta. Nuestra reacción al final de un día agotador será distinta de la que tengamos por la mañana, después de una buena noche de sueño. Otro determinante muy importante es lo que pensamos acerca de nuestra vida y cómo encaja el niño en ella. Una madre que cuenta con diversos apoyos será más capaz de percibir el humor de una situación que otra que ha llegado al límite de sus posibilidades. Sean cuales sean nuestros motivos para actuar como lo hacemos, nuestra reacción ante el niño es una forma de comunicación.

Una madre y su hijo de dos años están en el supermercado. Johnny sonríe a la gente que le rodea y habla con su madre. No tarda en ponerse nervioso y ella le da un caramelo para calmarlo. Mientras sigue comprando, el niño pide más dulces, ella se irrita y se niega a dárselos. El niño insiste lloriqueando, la madre se planta y dice que ya ha comido bastante. Johnny llora, otros clientes del súper le miran, su madre se siente airada con ellos y con su hijo por avergonzarla en público. Se rinde. Ahora el pequeño quiere otras cosas, se retuerce en el carrito y grita que desea volver a casa. Su madre le ofrece más caramelos, pero el chiquillo dice a voz en grito que no quiere más y los arroja al suelo. Su madre se enfurece y le chilla.

Observamos en este caso, al igual que con los bebés, un desajuste. Aunque al principio Johnny está contento de ir a comprar, su tolerancia se pone a prueba pronto. La disputa por los caramelos se convierte en una batalla campal. Los dulces ya no le consuelan, han perdido su sentido placentero original. Se han transformado en un soborno o en algo que ha conseguido por la fuerza. La discusión se exacerba por la desaprobación de todo el mundo. A su madre le cuesta ceñirse a los límites prefijados y lo lamenta.

En todas las interacciones similares hay más de una historia. Tal vez parezca una perogrullada, pero con frecuencia, cuando intentas ayudar a una familia, sólo oyes una versión, por lo general la de la madre. Antes de nada, es importante escuchar. Este consejo no sólo es válido para las personas que nos dedicamos a la ayuda familiar, sino en especial para los implicados en la situación. El llanto y los chillidos de un niño constituyen una forma de comunicación. En el ejemplo que hemos expuesto, deben de significar que la compra dura demasiado. Si se da cuenta, la madre de Johnny tiene varias opciones: continuar sin hacer caso; parar; intentar que el rato sea más agradable; irritarse al pensar que tal vez deba cambiar sus planes; tener en cuenta en el futuro la capacidad de su hijo de soportar esta actividad...

Si investigamos, quizá descubriremos que existen otros motivos para explicar su reacción. Mamá está tensa, quizá sabe que Johnny detesta ir de compras, pero no tiene otra alternativa que llevarlo. Tal vez se siente falta de apoyo. Tal vez se considera cruel por someterle repetidas veces a algo que sabe detesta; tal vez piensa que está mimado y debería aguantarlo; tal vez se siente culpable por darle caramelos, a sabiendas de que son malos para él... Todo esto impide que se atenga a los límites que ha establecido. Es incapaz de explicar a Johnny que debe hacer la compra y que ha de aguantarse, así como de encontrar una forma de que participe, quizá ayudándola a escoger los productos. Da la impresión de que el llanto del niño paraliza su pensamiento, y se enzarza en una batalla consigo misma y con él.

Para ser firme, has de creer que haces lo correcto, de lo contrario transmites escasa convicción al pequeño. En ese caso, tal vez considere que, si arma un buen escándalo, cederás. Con frecuencia presenciamos la escena de una madre y su hijo que se apostrofan el uno al otro, desdichados en su mutua compañía.

EL PROBLEMA DE LA COHERENCIA

Por regla general los adultos poseen mayor capacidad y discernimiento que los niños, y éstos confían en que sus padres, sobre todo, les explicarán el mundo que les rodea. En el capítulo 1 vimos que este proceso se inicia en la infancia, cuando los bebés necesitan que sus progenitores den forma y significado a sus sentimientos. A medida que el niño crece, los padres le proporcionan una imagen, no sólo de quiénes son él y ellos, sino también del mundo en general. El niño sano observará cómo reaccionan para determinar si vale la pena interactuar con gente que acaba de conocer y los utilizará como base para explorar y conseguir información acerca de su propia actividad.

Los padres presentarán amigos a Johnny, le pedirán que sonría a tía Mim, que vaya a buscar un juguete, que mire un maravilloso libro… Recibirá alabanzas cuando logre algo de lo que se sientan orgullosos, reprimendas cuando haga algo que les preocupe. Gracias a estas palabras y actos, Johnny accede a cierta comprensión del mundo, de lo que puede y no puede hacer. Si las respuestas a su comportamiento son coherentes, obtiene una visión más clara y sólida, se forma una idea correcta de lo que está permitido y lo que está prohibido, de lo que es inofensivo y lo que es peligroso, de lo que asusta y lo que no. Ningún padre o adulto es coherente al ciento por ciento, pero transmite una imagen general al niño.

Todo el mundo sabe que la coherencia es deseable, sobre todo a la hora de fijar límites, pero vamos a ver qué interfiere con ella.

La razón más sencilla de que dos padres sean incoherentes es que mantengan diferentes puntos de vista.

La pequeña Laura, de tres años, es una niña encantadora y simpática. Pasa el día con su madre, quien en general disfruta con su compañía. Es activa, cordial y agradece la presencia de otros niños. Por la noche se resiste a ir a la cama sin que su padre o su madre se acuesten a su lado hasta que se duerme. La señora M considera que necesita tiempo para sí por las noches y le molesta tener que quedarse con su hija, pues ya ha estado con ella todo el día. Dice a Laura con firmeza que tendrá que acostumbrarse a dormir sola. Al señor M le da igual, le proporciona una oportunidad de estar con su hija y desconectar del trabajo. No es una hora conflictiva, no ha de jugar con la pequeña ni entretenerla. El hábito de la niña le resulta cómodo y no le importa quedarse con ella.

Esto causa fricciones entre el señor y la señora M. No cuentan con un tiempo para ellos como pareja y discuten sobre si deben complacer a Laura. A la señora M le irrita que su esposo esté estableciendo una pauta en la que queda atrapada cuando él se ausenta. Sus discrepancias afectan a su relación. No comprenden el punto de vista del otro y se enfadan. Si mientras hablan del tema Laura llama a su padre, lo más probable es que prefiera ir con ella a seguir discutiendo con su mujer.

Las diferencias entre el señor y la señora M afectan a Laura. No logran ser coherentes con ella porque no se ponen de acuerdo. La niña recibe una imagen confusa de lo que significa ir a dormir. Al principio, su regularidad y coherencia le darán una idea de lo que ocurre cuando ha de ir a la cama. Cuando se haga mayor, tal vez averigüe que el momento de acostarse cambia según quién está en casa. Esta circunstancia está rodeada de tensión, se hace cada vez más insegura, lo que exacerba su reticencia a dormir sola.

Mohamed, de dos años de edad, pasa los días de entre semana en casa de sus abuelos, mientras sus padres trabajan. Le recogen cada noche. El arreglo funciona bien, pero existen discrepancias sobre ciertos detalles. Su madre desea quitarle la costumbre del chupete, que utiliza a su antojo. Al igual que su esposo, opina que no debería tenerlo a mano todo el día y quiere restringir su uso a la hora de dormir. Les preocupa que deforme sus dientes, aparte de las cuestiones de higiene, pues lo arroja al suelo y luego se lo lleva a la boca. Los abuelos, por su parte, no ven nada malo en ese hábito, creen que echa de menos a su madre y le sirve de consuelo. Además, de ese modo el niño está tranquilo. Padres y abuelos no se ponen de acuerdo, y existen diferentes límites para Mohamed en función de con quién está.

Ambas partes cuentan con argumentos legítimos, basados en su preocupación por el niño. Es muy posible que Mohamed no necesite el chupete tanto o tan a menudo, y que sus padres quieran que desarrolle otros medios para calmar su ansiedad. Consideran que se está haciendo mayor. El punto de vista de los abuelos pone a los padres en contacto con la faceta más necesitada e infantil de Mohamed, lo que exacerba su culpa por dejarle, les recuerda que les echa de menos. Habrá momentos en que Mohamed se las arreglará bien sin el chupete, y otros en que lo necesitará. La polarización de sus cuidadores dificulta observar sus reacciones y actuar según su necesidad. El niño está atrapado en el fuego cruzado de la determinación de ambos bandos por atenerse a su visión de él. Recibe una imagen confusa cuando pide el chupete, lo que por supuesto le confunde. ¿Es un niño que se está haciendo mayor y ya no necesita el chupete? ¿Es un niño pequeño que lo necesita para no desmoronarse o consolarse cuando se siente mal? Falta un espacio racional para que pueda ser un poco de los dos. No le ayudan en su esfuerzo por separarse de sus padres, y del chupete, de una manera adecuada.

Mensajes confusos como éstos pueden provocar diversos efectos. Un niño mayor y seguro aprende con el tiempo que papá y mamá pueden ser muy distintos del abuelo y la abuela. Aceptará que en cada casa existen normas diferentes. Sin embargo, si no es demasiado seguro y existe una auténtica pugna entre el bebé necesitado y sus facetas más evolucionadas, tal vez se sienta perplejo e inseguro, sin saber nunca si su petición le será concedida. En su mente sería como si siempre le fueran a decir «quizá». Es posible que se sienta exasperado, se irrite y angustie, como si anticipara la retirada del chupete incluso cuando se lo dan, y quizá lo pida y se aferre a él más de lo que haría si las normas de los adultos fueran más claras. En el caso de Mohamed, se encuentra todavía entre dos fuegos, pues llora por el chupete y se disgusta con sus padres cuando se lo niegan, pero poco a poco se acostumbra a pasar sin él.

Tales conflictos suelen ocurrir entre los padres, así como entre éstos y los encargados de cuidar de sus hijos, como parientes, niñeras, canguros o chicas *au pair*. Sin embargo, existen diferentes sentimientos, no sólo entre personas que disienten o sustentan distintos enfoques y creencias, sino también dentro de nosotros mismos. Para volver al ejemplo del supermercado, podemos debatirnos sobre la conveniencia de permitir o no los caramelos. En ocasiones creeremos que no hay nada de malo en un pacto ocasional, pero en otras lo juzgaremos de todo punto perjudicial. Otros ejemplos incluirían jugar con la comida, ser descarado, ir a la cama a una hora determinada.

Imaginemos una situación similar a la de Laura:

Tom, de tres años, también quería que alguien se quedara con él mientras dormía. Su madre opinaba que era una mala costumbre y procuraba ser coherente y firme al respecto. Sin embargo, a veces recordaba lo que sentía de niña, lo fría y grande que se le antojaba la cama, lo sola que se sentía por las noches. Entonces sostenía una discusión interna sobre lo que debería hacer. Debía ser firme, de lo contrario su hijo nunca aprendería a dormir solo; ¿qué daño podían hacerle unos mimos? Le estaba consintiendo; ¿por qué tenían que crecer los niños tan pronto? De pequeña se había sentido sola, pero ahora estaba bien, ¿verdad? ¿Por qué no debía ahorrarle los malos ratos que ella había pasado? En cada ocasión se imponía un criterio.

Tom no lograba determinar si sus protestas conseguían que su madre se quedara o no. Así pues, siempre se lo pedía, armaba un escándalo, y se sentía decepcionado si se marchaba. La incoherencia de los demás provoca angustia, pues nunca sabes si rechazarán o satisfarán tu demanda. Por otro lado, la victoria es menos dulce, pues se cierne la perspectiva del próximo momento. Los niños están más a gusto con desenlaces predecibles, aunque no sean los deseados, que con la montaña rusa de la esperanza y la decepción.

En situaciones como ésta el primer paso útil es tener en cuenta lo que la protesta del niño despierta en nosotros, en el caso de Tom, los recuerdos de su madre, que no quería estar sola. En cuanto asuma esto como una dificultad propia, no de su hijo, lo más probable es que no quiera que crezca con la misma reticencia a estar solo que ella. Comprenderá mejor a Tom y encontrará el medio de hacer frente con mayor coherencia a sus demandas. Por ejemplo, podría acceder a pasar media hora cada noche con él, en su cama, leyendo un cuento, antes de dejarle solo. De este modo satisfaría el deseo de intimidad y consuelo de ambos, y facilitaría a Tom la idea de un tiempo limitado, tras el cual ha de ingeniárselas para dormir. Además, puede ayudarle ofreciéndole un juguete blando, una manta o un trozo de tela que le pertenezca y aconsejándole que lo abrace cuando ella se haya marchado. Así le permitirá realizar la transición entre ella y otros medios de conseguir consuelo. Una vez que se sienta segura de que está brindando herramientas útiles a Tom, le resultará más fácil ser coherente a la hora de establecer ese tiempo limitado.

Nuestro pasado y carácter influyen en nuestra reacción coherente ante las demandas infantiles, en la postura que adoptamos o en la forma de abordar los conflictos.

La señora F creció en el seno de una familia estricta, con un padre bastante tiránico que siempre la reprendía por su postura, sus modales y todo cuanto hacía. Veía esta característica en sí misma, en que se fijaba en exceso en los defectos de su hija de cuatro años, y solía repetir con ella la experiencia padecida. Descubrió que se comportaba del mismo modo que su padre, pero era consciente de ello y se sentía culpable. Cuando se disgustaba con su hija, rememoraba las discusiones que había mantenido con su padre y los sentimientos que le inspiraba. Era como si reviviera las disputas con él. Sus sentimientos de la infancia se impusieron a los que experimentaba como adulta, lo que con frecuencia se reflejaba en su conducta, que también se hizo infantil. Le costaba ver la reacción real de su hija, en lugar de recordar la suya. Se enzarzaban en luchas de voluntad como dos niñas. La relación se distorsionó, y los viejos sentimientos adquirieron más fuerza que la atención al presente.

El señor R había vivido una infancia llena de privaciones, tanto materiales como emocionales, aunque ahora es rico y vive feliz. Decir «no» a sus hijos y hacer frente a sus protestas resucita su abrumadora sensación de desamparo de cuando era pequeño. Por tanto, les colma de regalos y agasajos, que ellos consideran algo normal y no agradecen. En lugar de obrar el efecto deseado de proporcionarles una felicidad se muestran insatisfechos y exigentes. Esto le irrita, porque piensa que tienen muchas más cosas que él, y les considera codiciosos y mimados.

Una vez más, se ha establecido un ciclo perjudicial. Es típico de alguien que ha pasado hambre atiborrar a sus hijos. Los motivos de su actitud son comprensibles, pero carecen de importancia en la experiencia del niño.

Estos ejemplos reflejan que el pasado influye en el presente. Como vimos en el capítulo 1, en ocasiones figuras o experiencias de tu historia personal se interponen entre tú y tu hijo. A veces son seres reales que recuerdas: tus padres, hermanos, otros parientes, profesores. También puedes ser tú en diferentes edades. Recuerdas lo que sentías cuando tenías la edad de tu hijo, por ejemplo. De ser así, no reaccionas en el momento presente con tu hijo real, sino que revives algo de tu pasado. Mantenemos diálogos y discusiones internas con esos personajes de nuestro mundo interior. Si estamos afligidos, convocamos a una voz amiga que nos tranquilice y diga que todo saldrá bien. Cuando cometemos una equivocación, tal vez nos sentimos castigados por una faceta estricta de nosotros mismos. Este mundo interior es una parte de lo que nos hace multidimensionales y nos enriquece. También provoca la incomodidad de la ambivalencia, de la confusión y a menudo de modos de actuar que no nos gustan.

CASTIGOS

Los castigos son importantes para reforzar el «no», pero opino que no siempre funcionan, de modo que no abordaré en profundidad este aspecto. Si estás convencida de tu postura y en armonía con tu hijo, lo normal es que un niño menor de cinco años te respete. En ocasiones será necesario reforzar tu autoridad, por supuesto. Existen diversas estrategias, como reducir el tiempo dedicado a la televisión, enviarle a su habitación, confiscar su juguete favorito, sujetarle cuando le da una rabieta, negarte a llevarle al parque infantil si se porta mal, etcétera. Nadie sabe mejor que tú qué surtirá efecto. No es el castigo en sí lo que cuenta, sino lo que comunica tu comportamiento. No necesitas una almádena para romper una nuez. El autoritarismo es poco práctico, al igual que perder los estribos, humillar al niño y enzarzarse en una batalla de voluntades. Creo que nunca es positivo dejarse llevar por los nervios. El comportamiento descontrolado resulta aterrador para madre e hijo. De todos modos, si alguna vez, como ocurre en todas las familias, dices o haces algo de lo que te arrepientes, no es el fin del mundo. El niño se dará cuenta de que eres humana, ni un ángel ni un robot. Tal vez le permita verse a sí mismo y sus sentimientos apasionados a una luz más favorable. Si te pasas de la raya, una disculpa puede ser muy positiva. De esta manera enseñas al niño un modelo que consiste en reflexionar sobre tus actos, darte cuenta de que te has equivocado, reconocerlo y pedir perdón, posibilidades que se abren también para él.

Conviene que asumas tu papel de adulta, que implica compadecerse de tu hijo y del estado en que se encuentra, así como ser capaz de pensar en lo que es mejor para los dos. Has de conservar tu dignidad y transmitirle que tu «no» tiene un motivo. No has de explicarle todos los motivos; basta con que sepas lo que haces. En este contexto, creo que un leve y ocasional bofetón, con el fin de impedir una escalada en el conflicto, es preferible a un largo discurso sobre el mal comportamiento del niño. Muchos padres de esta generación llegan a agobiar al chiquillo con sermones y explicaciones defensivas.

Lo importante de los castigos es que deberían ayudar al niño a aprender. La crueldad sólo le enseña a ser desagradable. El castigo debería pretender ayudarle a ser más considerado. A base de intentos y errores descubrimos lo que nos conviene. Siempre que tengas respeto por ti y por el niño, el mero hecho de intentar mejorar las cosas es útil. Los chiquillos se muestran agradecidos con las personas que se esfuerzan por ellos. Saben que, a menudo, es más fácil ceder que buscar una solución mejor.

NO DECIR NUNCA «NO»

Una de las características más sorprendentes de los niños que empiezan a andar es su afición a abordar tareas nuevas.

Suelen vociferar que quieren hacerlo todo ellos, para orgullo, y también exasperación, de los padres. De esta forma, Alexandra insistirá en abrocharse los botones, Jagdish querrá atarse los cordones de los zapatos, Kai se subirá a sillas para alcanzar un juguete y Panayota empujará el cochecillo del bebé, que es demasiado pesado para ella. En esta fase los padres deberán reprimir su impulso de hacer siempre las cosas por sus hijos. Los niños necesitan la práctica, dominar sus crecientes aptitudes físicas, afinar el control motor, la destreza manual. Pueden mostrarse decididos e inflexibles en sus intentos de realizar ciertas tareas solos. En esta etapa es fundamental no reprimir su entusiasmo ni frustrar sus aspiraciones. Así, si una madre a quien su hijo ayuda a cargar con las compras le comenta: «Estás hecho todo un hombrecito. Gracias, no sé qué habría hecho sin ti», conseguirá que se sienta valorado, fuerte como papá, alguien a quien ella necesita.

Sin embargo, también es importante que los chiquillos se hagan una idea realista de lo que pueden y no pueden hacer. Por lo tanto, es bueno que intente acarrear una bolsa que pesa demasiado para él, pues seguirá sintiéndose valorado por lo que es capaz de hacer, al tiempo que comprueba sus límites. Además, le liberará del sentido de la responsabilidad de tener que ser el ayudante de su madre. En una familia con una madre soltera, sobre todo con su hijo varón, alimentar una sensación irreal de poder en ocasiones se convierte en una carga para éste.

El carácter del niño y la forma en que le ayudemos a lidiar con las frustraciones que le provoca no poder hacer ciertas cosas guardan una relación directa con su aceptación de no acertar siempre a la primera. Antes de nada necesita probar, por supuesto, con el fin de descubrir sus limitaciones y determinar cuándo necesita que le echen una mano. El niño convencido de que puede hacerlo todo solo será incapaz de aceptar ayuda, tanto material como en el aspecto del aprendizaje. Negar toda dependencia conduce a ser un mandón o, en el peor de los casos, un bravucón. Los niños fanfarrones suelen tener miedo de que alguien sea más fuerte que ellos y de que la situación se invierta en su perjuicio. En un mundo mágico, esto resulta todavía más aterrador.

La dramática historia de Paul, con quien trabajé en un centro que atendía a familias jóvenes con carencias afectivas, administrado por un departamento de Servicios Sociales, ilustra lo que puede ocurrir cuando se soslaya la dependencia y se ponen en cuestión los límites. Creo que pueden extraerse lecciones generales de unas circunstancias tan adversas.

Paul era un hijo no deseado, el menor de tres chicos. El ambiente en su casa era explosivo, irascible, violento y caótico. Todos los niños pasaban cada día unas horas al cuidado de otras personas. A los dos años de edad, Paul parecía un caso perdido. Daba la impresión de ser de otro planeta. Su expresión era feroz y nunca te miraba a los ojos. Era hiperactivo y ágil, saltaba desde alturas peligrosas. Era propenso a los ataques de violencia. Su capacidad de concentración era nula, apenas hablaba y resultaba muy difícil estar con él.

Al trabajar con Paul quedó claro que ser amable, cariñoso y considerado con él no era suficiente. Exasperaba hasta a los miembros más pacientes del equipo. Aparentaba creer que podía hacer cualquier cosa y le importaba un pimiento que la gente se enfadara con él o le castigara. Estaba a mi cargo en el centro, pero además le ofrecí tres sesiones individuales por semana. Éste es un extracto de una de sus primeras visitas, después de haber estado enfermo unos días. Tenía cuatro años.

Arrojó el teléfono a la papelera y exclamó: «¡Jódete!» Corrió hacia un cartel y lo arrancó de la pared. Le dije que estaba muy enfadado con la habitación y conmigo por haberse perdido muchas sesiones. Rompió en pedazos el cartel antes de que pudiera impedirlo. Tiró una lámpara del estante. No se rompió. Le dije que habría podido hacerse daño y le expliqué que era muy peligroso jugar con cristales. Se lanzó sobre mí, me dio una patada y espetó: «¡Cierra el pico!»

Paul daba la impresión de ser insensible a las opiniones y sentimientos de los demás. Actuaba como si fuera omnipotente. La forma en que brincaba, chillaba y me atacaba físicamente me impedía en gran medida actuar como lo haría una madre atenta, una experiencia que él nunca había vivido. A veces era preciso sujetarle para evitar que se hiciera daño a sí mismo o a mí, y en otras hablar de sus sentimientos le permitía controlarse. Representaba un reto intentar dar forma a sus sentimientos y actos a través de mi reconocimiento de ellos. Su comportamiento parecía dirigido a negar toda necesidad, de alguien o de algo. Una de sus frases favoritas era, «Yo hacer». En su visión del mundo, la madre no aparecía como una persona que abraza, alimenta y ayuda a crecer. El padre era una figura brutal idealizada que detestaba a los bebés y con quien Paul se identificaba. Esta visión se extendía a todos los adultos. A pesar de su edad nunca se había sentido lo bastante seguro. Para él, mostrarse vulnerable representaba un peligro, porque podía convertirse en objeto de burlas o bofetadas, de modo que prefería imaginarse como un superhombre rudo y desagradable.

Pasó mucho tiempo antes de que Paul se permitiera sentirse vulnerable y pudiera concebir la idea de que alguien estaba interesado por él. Utilizaba la dureza y la insensibilidad como un caparazón protector para no exponerse a los ataques. Esta postura defensiva le impedía asimilar los aspectos positivos. Por dentro era como un bebé indefenso, asustado y frágil. Sus únicas opciones eran portarse como un bravucón o como un niño totalmente vulnerable. El hecho de que se le permitiera actuar de una forma tan incontrolada y pensara que los adultos no podían poner freno a sus desmanes respaldaba su idea de que era invencible. Sus aspectos de bebé no podían aflorar ni desarrollarse.

Ante un niño como Paul era importante que un adulto insistiera en que no era invencible. Sin destruir su visión de sí mismo, convenía recordarle que era pequeño y que necesitaba sentir que alguien deseaba cuidarle. Asimismo era preciso que un adulto le proporcionara la confianza de que crecería fuerte, una esperanza que compensaría su sensación de fragilidad. A medida que en las sesiones se clarificaban los límites, empezó a sentirse más seguro, a explorar lo que significaba ser un niño atendido y considerado, recordado y querido. Por primera vez en su vida le pareció posible permitirse ser vulnerable. Tuvimos una sesión muy conmovedora, en la que cogió una muñeca y señaló sus ojos, nariz, boca, etcétera, mientras decía, «mira, eso ¿qué?». Por fin dejó la muñeca y dijo «chico» con confianza. Pensé que me había estado haciendo preguntas sobre él, sobre las facciones, qué era un niño, quién era Paul. Del mismo modo que los niños pequeños aprenden las partes de su cuerpo con la ayuda de la madre (ésta es mi nariz, ésta es tu nariz), Paul había vivido por fin la experiencia de reflexionar sobre quién era, y había llegado a la conclusión de que ser un niño estaba bien.

El caso de Charlie, de tres años, proporciona un ejemplo más corriente de comportamiento que conduce a sentimientos de omnipotencia:

Charlie es un niño muy exigente, que chilla si no se sale con la suya. Sus padres se encuentran al límite de sus fuerzas, pues se ven incapaces de controlarlo. Explican que «insiste» en que mamá cocine pasta cada día. «Han de» leerle un cuento antes de acostarse. «Se niega» a permitir que nadie, excepto mamá, le meta en la cama. La lista de sus exigencias es interminable, y los padres acceden a todas y cada una de ellas.

Lo sorprendente es que los padres de Charlie creen que no pueden hacer nada al respecto. Confunden sus deseos con necesidades y se quejan. Charlie es un pequeño tirano en su casa, lo que provoca relaciones desdichadas. No sabe lidiar con la frustración y, cuando se enfrenta a una dificultad, cada vez le cuesta más superarla. Es una especie de déspota, lo que impide que su faceta más infantil se exprese y desarrolle. Como sus progenitores nunca dicen «no», ignora qué es sentirse furioso, desmoronarse y, por ende, la experiencia de recuperarse. Su desarrollo está castrado. Además, se enfrenta, como Paul, al miedo al castigo y a la angustia de que, si los adultos no se atreven a plantarle cara, estará indefenso ante alguien más fuerte que él.

En el otro extremo está el niño demasiado bueno. El chiquillo que no soporta ser pequeño y se identifica en exceso con los adultos soslaya los dolores necesarios de su faceta más infantil.

Anjeli, de cinco años, es una niña «buena» al estilo tradicional: es obediente, educada y silenciosa. Aprende con rapidez y destaca en varias actividades, como el ballet. No tiene pataletas y casi nunca se porta mal. Sin embargo, hay algo que llama la atención. Cuando está en el colegio, sigue las instrucciones muy bien, pero pocas veces inicia un juego por decisión propia. Es como si se hubiera puesto un disfraz de adulta y estuviera dominada por el deseo de complacer a quienes la rodean. Sus compañeros la consideran un poco repelente y no la aprecian demasiado.

Así como Paul adoptaba la personalidad de Supermán, Anjeli asume una identidad semiadulta. Es difícil reconocer a la niña que es. Ha evitado dolores de cabeza a sus padres y a los demás adultos, pero en parte se está perdiendo el goce de ser niño. Elude la experiencia de recibir un «no» por respuesta anticipándose y controlándose con bastante rigidez.

Muchas razones podrían explicar el comportamiento de Anjeli. Tal vez su madre acaba de tener un bebé y Anjeli se siente presionada a crecer con rapidez para evitar problemas a aquélla. Quizá ha intuido un conflicto entre sus padres y desea pacificar el ambiente. Tal vez disfruta de la recompensa de ser la niña de los ojos de sus progenitores y no quiere correr el riesgo de provocar líos. O tal vez se siente más cómoda manteniendo una actitud tranquila, lejos de emociones fuertes. Hay múltiples razones que explican por qué adoptamos determinados mecanismos y estrategias. Cada persona ha de ser observada y analizada por separado. No obstante, para un desarrollo sano, no podemos soslayar los aspectos negativos de ciertos sentimientos. Martha Harris, una influyente psicoterapeuta infantil, escribe:

> El niño no puede aprender a controlar sus emociones indeseables y agresivas a menos que tenga la oportunidad de experimentarlas, de conocerlas. Es la única forma de que podamos medir su fuerza, de que pueda encontrar sus propios recursos para domeñarlas y, si es posible, utilizarlas con un buen fin.[18]

Sentirse mal por decir «no» y mantenerse firme en ocasiones desencadena graves problemas, que me gustaría ilustrar con un ejemplo, algo radical, de un niño pequeño y su madre.

Darren, de tres años, fue enviado al Departamento de Pediatría de un hospital por estreñimiento crónico. Le aplicaban dosis masivas de laxantes, que ya no obraban efecto. Tuvieron que extraerle las heces bajo anestesia local, y era muy probable que necesitara posteriores intervenciones similares. La familia, desesperada, acudió a mi consulta. Cuando le conocí, me impresionaron su carácter dominante y la cobardía de su madre. Mientras hablábamos, se hizo evidente que el niño gobernaba la vida de su madre. Se negaba a quedarse al cuidado de otra persona, incluso de su marido o de niños mayores. Chillaba cuando no se salía con la suya, y ella siempre se plegaba a sus exigencias. Durante las sesiones, Darren dejó muy claro que detestaba compartir la atención de su madre conmigo y berreaba para hacerse oír e interrumpir la conversación. Enseguida insistía en volver a casa y chillaba a pleno pulmón. Gritaba de tal forma que en una ocasión tres personas llamaron a la puerta para ver si ocurría algo. Era como si yo lo estuviera torturando.

Mi principal tarea consistió en permanecer sentada con su madre durante este penoso episodio y reflexionar sobre lo que ocurría. Empezamos por interpretar qué sucedía en la consulta, y lo comparamos con lo que ella sentía y lo que Darren expresaba. ¿En serio lo estábamos torturando? ¿Era tan insoportable pensar en el problema? ¿Su madre era tan cruel por querer hablar con otra persona? ¿No había otra alternativa? Insistí en que las sesiones debían desarrollarse sin interrupciones, y con el tiempo el niño se calmó. Miraba los juguetes, se entretenía con ellos e incluso llegó a expresar cómo se sentía. Un día, mientras jugaba con plastilinas, conseguimos hablar de cómo utilizaba la caca para llamar la atención de los demás y de su miedo a que nadie pudiera ayudarle, ni siquiera mamá.

Éste era el aspecto más tradicional de nuestras sesiones, es decir, la interpretación del juego que tenía lugar durante la psicoterapia. Sin embargo, pienso que al niño le resultó más útil que yo permaneciera sentada con su madre, pese a sus estallidos de furia y rabia, la ayudara a respetar el límite de nuestro tiempo compartido y demostrara a ambos que era posible seguir adelante. Ella empezó a mostrarse más firme con su hijo porque comprendió que, en lugar de ser cruel, le estaba ayudando. Al cabo de siete sesiones, durante un período de seis meses, el estreñimiento desapareció, Darren cambió de actitud y no necesitó más intervenciones médicas.

Para niños como Darren, que dominan a su madre o a su familia, la vida no es muy alegre. Aunque nunca los dejen solos o siempre se salgan con la suya, la calidad del contacto, de las relaciones, es tensa. Existe escaso placer mutuo y mucha irritación. Todos los miembros de la familia se sienten atrapados en un ciclo desagradable, lo que puede conducir a la desesperación y la rabia. Un chiquillo que se sale con la suya mediante métodos despóticos nunca se siente satisfecho, porque no se le da nada de buen grado. No hay regalos, sólo extorsión. Tal vez se sienta poderoso, pero no valorado ni querido. Esto es así en todos los casos, no sólo en circunstancias dramáticas como la de Darren. Por eso el niño que siempre grita «quiero» y lo obtiene raras veces se siente satisfecho.

Los señores M llevaban varios años intentando tener descendencia. Ambos trabajaban y disfrutaban de una buena posición económica, pero pensaban que su vida estaba vacía sin un hijo. Por fin, tras un tratamiento de fertilidad la señora M concibió, y nació Caroline, una niña bonita y sana. Los padres estaban encantados y eran muy permisivos con la pequeña. Deseaban ahorrarle cualquier disgusto y pocas veces la contradecían. La señora M renunció a su empleo y dedicaba todo su tiempo a Caroline. Cuando la chiquilla cumplió cuatro años, la señora M era la envidia de muchos padres. Nunca se irritaba o gritaba, su paciencia era infinita. Las amigas de Caroline la consideraban la «mejor mamá». Preparaba las comidas, horneaba el pan con la ayuda de su hija, siempre estaba dispuesta a jugar, organizar actividades manuales, improvisar disfraces. Caroline conseguía todo cuanto deseaba. Ni siquiera necesitaba armar escándalos. Sin embargo, en lugar de crecer como una criatura satisfecha y alegre, se irritaba con frecuencia. Cuando una actividad terminaba, pedía otra al instante. Cuando su madre preparaba un juego, cambiaba de idea y exigía otro. Parecía insatisfecha. Si trataba mal a otro niño, la señora M reía y decía: «Oh, Caroline, no has sido muy amable. Estoy segura de que no era tu intención.»

Las amigas de Caroline se hartaron de ella, pues la consideraban muy malcriada.

Como Caroline siempre lograba lo que deseaba, ya fuera mediante quejas o exigencias, se acostumbró a salirse con la suya. No aprendió a hacer concesiones o esperar. Cuando estaba en compañía de otros niños, se sentía perdida. No sabía compartir las cosas ni jugar con ellos de igual a igual. El propósito de la señora M de evitarle contrariedades resultó contraproducente, pues privó a su hija de la capacidad de estar con otras personas cuya prioridad no fueran sus necesidades.

Edward, de dos años, es el hijo único de una madre soltera. Es un niño muy guapo, de grandes ojos castaños y sonrisa encantadora. Disfruta mucho en compañía de otros niños, pero se sobreexcita en demasía, los coge y abraza, a veces les hace daño y les asusta con frecuencia. Su madre se avergüenza y pide disculpas, pero no le impide hacerlo una y otra vez, al menos no a tiempo. Adora a su hijo y le complace su naturaleza gregaria y extrovertida. Sin embargo, se muestra ciega a su agresividad. A la larga, Edward llega a ser muy impopular en el grupo de madres y niños con que se reúne, y sus compañeros le tratan con cautela. La señora N se pone violenta y piensa que los demás son injustos con su hijo. Se apresura a defenderle y a regañar a los chiquillos que, en su opinión, le provocan. Edward se vuelve cada vez más agresivo, incluso con la señora N.

Es una dinámica muy común, que a menudo se observa en grupos de madres e hijos pequeños. Por lo general la situación se resuelve cuando la madre reconoce poco a poco una faceta de su hijo menos que perfecta. Por regla general los padres saben cómo actuar ante la desobediencia, los celos y la agresividad. Por desgracia, en el caso de Edward su madre lo consideraba un hijo modélico y pasaba por alto conductas inadecuadas. Al empeñarse en conservar esa imagen de él, la señora N no percibía otros aspectos de su carácter. De esa forma Edward no se sentía seguro de que lo quisieran por lo que era en realidad. Intentaba comunicar su rabia y rivalidad en su relación con otros niños. Como no comprendían sus sentimientos, no recibía ayuda para domeñarlos.

Con los años Edward se volvió más intratable, tanto en casa como en la escuela secundaria. La relación con su madre llegó a ser tirante, y su contacto cada vez más negativo. Edward creía que le consideraban un ser incontrolable, lo que aumentaba su rabia. Además, se sentía culpable por no ser lo que su madre deseaba. La señora N, por su parte, se sentía decepcionada, airada y desdichada. En los primeros años de la vida de Edward le había resultado imposible ver que su hijo tenía facetas positivas y negativas. Su ceguera ante ciertos sentimientos obligaba al chiquillo a enfrentarse a ellos solo, lo que no podía hacer de una manera satisfactoria.

Para la señora N, Edward representaba el niño ideal. Reconocer su agresividad fracturaba la imagen que se había forjado de él. Como vivía sola, carecía del apoyo o la perspectiva de un punto de vista diferente. Además, no contaba con ninguna persona que la ayudara. Al no decir «no» a Edward obstaculizó su desarrollo e impidió que descubriera formas de lidiar con las facetas más difíciles de su personalidad. Estos aspectos permanecieron inmaduros y le acarrearon problemas cuando se hizo mayor.

LOS BENEFICIOS DE LOS LÍMITES

SENTIRSE SEGURO

Hemos visto cómo un niño que domina a los adultos se encuentra en una posición aterradora. Si a los tres o cuatro años piensas que eres más poderoso que quienes te cuidan, ¿cómo te protegerán en caso de necesidad?

Desde la perspectiva del niño los límites significan restricciones, les enfurecen, pero también son como puertas que preservan ciertas cosas. Existen otras buenas razones para defender los límites. La más evidente es la seguridad física, por ejemplo, no permitir que un niño juegue con objetos peligrosos como enchufes, fuego, cuchillos. Las cosas se complican un poco más cuando hay que negociar si el niño debe cogerte de la mano al cruzar la calle. Por otro lado, en numerosas ocasiones es preciso fijar límites que no guardan una relación directa con la seguridad, pero que ayudan al niño a desarrollar un sentido de la seguridad.

Después de haber pasado la mañana con un grupo de niños, Amita quiere seguir jugando durante la comida. Su madre dice: «No, es la hora de comer.» Amita se rebela, grita, patalea.

Si la madre permite a Amita comer mientras camina a la pata coja, tal vez la niña considere que ha ganado la batalla. Quizá piense que mamá no ha sido capaz de plantarle cara, como vimos antes con los niños bravucones. Acaso crea que a mamá le da igual todo y busque otras formas de llamar su atención. Las concesiones que se hacen para evitar problemas pocas veces son eficaces. Si la madre logra mostrarse firme y ayuda a Amita a superar su enfado, y si ésta es capaz de comer y disfrutar de su plato, las dos saldrán ganando. Se sentirán más unidas y positivas por haber superado el conflicto.

Esto podría aplicarse a toda clase de situaciones, como cuando un niño ha de esperar algo que desea o ha de jugar solo un rato. En el caso de Amita, los límites la ayudan a tomar conciencia de que su enojo o rechazo son vistos en el contexto de su globalidad como persona. Al imponerlos su madre le da a entender: «Sé que estás enfadada y quieres jugar, pero es la hora de comer y debes sentarte a la mesa y estar tranquila. Me da igual que estés furiosa, y no cederé a tu rabia, de modo que harás lo que es mejor para ti.» Éstas no son las palabras que mamá utilizaría, por supuesto, sino lo que su actitud transmite a Amita. Ni siquiera hace falta verbalizarlo. Puede ser comunicado con facilidad mediante acciones. La postura adoptada por su madre hace que Amita se sienta protegida. Se beneficia de la seguridad de que lo mejor para ella es que le sirvan la comida, a pesar de su resistencia. Observar que alguien está dispuesto a soportar situaciones desagradables por tu bien aumenta la seguridad.

FORTALECERSE

Otro aspecto importante de los límites es que ayudan a desarrollar los recursos propios. Si alguien hace el trabajo por ti y te concede todos los caprichos, te debilitas cada vez más y te vuelves incapaz de aceptar la frustración. La madre bienintencionada que desea ahorrar a su hijo cualquier padecimiento tal vez le impida desarrollar formas de hacer frente a las dificultades. Hay que juzgar lo que es soportable para el pequeño y cuál es la diferencia entre necesidad y avidez.

Los niños asimilan los límites que impones, pero a su ritmo. En alguna ocasión tal vez sorprendas a tu hijo derramando a propósito el zumo en el suelo al tiempo que dice: «Malo, no hagas eso.» En este momento está luchando con la parte de él consciente de que no debe hacerlo, pero no puede resistirse. Aprender a respetar normas requiere su tiempo y es un trabajo arduo, que ha de ser valorado.

Todo límite fijado brinda una oportunidad para desarrollarse. Tener que comer cuando prefiere jugar concede a Amita la ocasión de resolver un conflicto. Si triunfa, empezará a pensar que puede salvar cualquier dificultad. Cuando mamá insiste en que cada actividad tiene su momento, le ayuda a comprender que los acontecimientos tienen un principio, una parte intermedia y un final. Eso le servirá para superar las contrariedades y recordar esa experiencia cuando disfrute de algo.

Un niño que quiere atención, un juguete en particular o una actividad y ha de esperar o renunciar, aprende a ser flexible y paciente, buscar otras opciones, ser creativo. Son habilidades muy útiles en la vida. Un chiquillo que ha de jugar solo porque su madre está ocupada tiene ocasión de explorar su entorno, descubrir algún objeto que le atraiga y entretenerse con él. Tal vez lo convierta en un castillo, una cama o una nave espacial. Su imaginación le ayudará a crear la compañía que deseaba. Un niño pequeño que coja una caja, por ejemplo, la golpeará, volteará, se la pondrá sobre la cabeza. Como un científico, descubrirá todas sus propiedades. Es en el momento de la frustración cuando se nos concede la oportunidad de buscar recursos en nuestro interior.

LA LUCHA CONTRA LOS LÍMITES

Todos sabemos que no es fácil recibir un «no» como respuesta. Si dices «no» al deseo del niño, has de estar preparada para la reacción.

RABIETAS

La rabieta es un rasgo característico de los niños de esta edad. En sus accesos de rabia, pueden actuar como si se estuvieran desmoronando, arrojarse al suelo agitando las extremidades. Nuestra reacción tiende a ser de ira, o de angustia por si se harán daño. Es posible que su falta de control te ponga nerviosa. Se supone que has de sentirte preocupada, impotente, cruel, etcétera. Eso piensa el niño. Para referirse a alguien con un ataque de cólera los franceses dicen que está *dans tous ses états*, es decir, «en todos sus estados», literalmente. Nosotros hablamos de «dejarse llevar por los nervios», de estar «fuera de sí», de «perder los papeles», como si en realidad hubiéramos perdido algo que nos perteneciera, una parte de nosotros. Las rabietas son una demostración de la pérdida del sentido coherente del yo y de la sensación de estar fragmentado.

Estos momentos pueden ser aterradores para los testigos. Cuando los niños pequeños se disgustan, tienden a actuar antes que a hablar, y se comunican mediante su comportamiento. Si un adulto es capaz de contar hasta diez e intentar serenar al chiquillo, es posible que logre calmarlo. Es preciso permanecer tranquilo y no dejarse influir por los sentimientos del pequeño para evitar tener una reacción equivalente a una rabieta. Los berrinches están enemistados con la razón y con frecuencia, cuando se asiste a uno o se ha provocado, la parte de nosotros que sabe lo que es desmoronarse se remueve. Queremos interrumpir la experiencia cuanto antes, y es fácil implicarse en el conflicto, en lugar de mantener la distancia necesaria para poder ayudar al niño. Es más fácil irritarse y decir «basta de tonterías» que comprender el disgusto del chiquillo, necesitado de calma y consuelo.

Cuando los niños son pequeños, podemos abrazarlos y tranquilizarlos. Algunos niños necesitan este contacto físico, a otros quizá les baste tu voz, tu paciencia, o que les dejes berrear mientras permaneces a su lado.

LOS PADRES COMO MONSTRUOS

Algunos niños se comportan como si te hubieras transformado en la bruja Rebruja, y tal vez dudes de ti, te preguntes si estás actuando con crueldad. Deberás recordarte, por ejemplo, que decir «no» a su petición de ver otro vídeo no es malo, sino una idea excelente. Mi hija, cuando estaba enfadada, lloraba en mis brazos al tiempo que balbucía: «¡Quiero a mi mamá!», como diciendo: «A ti no, malvada, sino mi mamá verdadera, la buena.» Cuesta comprender que las criaturas alimenten sentimientos tan contradictorios hacia la misma persona. No obstante, si lo piensas, te darás cuenta de que es algo que nos persigue durante toda la vida, aunque en formas menos evidentes. A menudo no acertamos a entender por qué la persona a la que amamos nos exaspera en determinadas ocasiones. Habitualmente dominamos los sentimientos ambivalentes dividiéndolos con absoluta rigidez, pensando que una persona es buena, y la otra, por lo general la que fija los límites, mala. Esto puede desencadenar problemas en la pareja, o entre padres y niñeras y otras cuidadoras, abuelos o profesores. Como en los cuentos de hadas, esta visión maniquea es una forma de simplificar las cosas, de justificarse por odiar o amar con pasión. Es muy difícil asumir los sentimientos encontrados.

Comprender el proceso nos permite pensar con mayor claridad y no tomarnos las críticas como algo personal, lo que nos ayudará a no ceder. Si te aferras a la idea de que estás obrando por el bien de tu hijo, refuerzas tu convicción. Si crees que él tiene razón, que te has portado como un ser malvado, puedes convertirte en la persona cruel que el chiquillo ve en ti o sentirte paralizada por la imagen, como observamos con el ejemplo de Jack y su padre al comienzo de este capítulo. Sospechar que tu hijo te ha transformado en un monstruo resulta muy doloroso. Impide pensar con claridad. Has de tomarte tiempo para examinar la situación con objetividad y analizar lo que sucede en realidad. ¿Su percepción es correcta? A veces sí; tal vez reconozcas que te has excedido y decidas modificar tu postura. En otros momentos te darás cuenta de que haces bien al mostrarte firme, aunque no te guste. Has de estar preparada para ser impopular.

IRA

Los límites suelen provocar ira, de modo que hemos de afrontar esta situación. La ira es común a todos nosotros, pero con frecuencia va unida a la culpa. Sin embargo es normal y sano sentirse irritado por ciertas cosas, y tranquilizador para los niños saber que los padres también la experimentan. La diferencia estriba en lo que hacemos con dicho sentimiento. Si los padres montan en cólera pero enseguida la superan, los niños aprenderán a dominar sus emociones de una forma positiva.

Es importante permitir que los niños se sientan airados y aprendan formas aceptables de expresar su irritación. Cada chiquillo reacciona de una manera distinta ante un mismo hecho. En la guardería algunos protegen el rompecabezas que están haciendo como si les fuera la vida en ello, mientras otros se marchan sin más si alguien les quita las piezas. Cuando un compañero les pega, unos chillan y arman un escándalo, otros lloran y van en busca de ayuda, algunos devuelven el bofetón y otros se repliegan en sí mismos. Como madre, esperas fortalecer el carácter de tu hijo para que sienta ira cuando le traten mal.

Su forma de expresarla predecirá cómo reaccionará ante ella.

En el ejemplo de arriba, podrías ayudar al niño a poner en perspectiva la bofetada: ¿ha representado un gran trauma o un simple enfrentamiento? En el caso del chiquillo que se encierra en sí mismo, quizá desees animarle a defenderse y no permitir que los demás le hagan daño. Todo el mundo se encoleriza a veces. Todas las situaciones familiares y sociales comportan conflictos. Así pues, hemos de aprender a controlarlos, junto con las emociones.

Me gustaría ofrecer un ejemplo muy diferente, en que la ira y el miedo normales pasan inadvertidos porque no se expresan con claridad, con la historia de Alan, a quien vi después de la muerte de su hermana menor.

Alan tenía cuatro años, y unos meses antes su hermana había fallecido a las pocas semanas de nacer. Alan era un chico muy brillante e inteligente, bien educado y considerado. Se había portado muy bien durante la enfermedad de la hermana pequeña y tolerado la ausencia de sus padres. Lo enviaron a mi consulta porque se mostraba cada vez más asustado, obsesionado por el tiempo, y le angustiaba perder cualquier cosa. Tanto sus padres como los empleados de la guardería estaban preocupados por su adaptación a la nueva escuela adonde pronto iría. Aunque le apoyaban en todo momento y comprendían el efecto que le había causado la muerte de su hermana, no sabían cómo ayudarle.

Cuando jugaba, Alan reproducía situaciones de emergencias: ambulancias, hospitales, incendios y bomberos, policías y ladrones. Aunque al principio siempre encarnaba el papel de rescatador, las figuras cambiaron poco a poco, y los policías eran malos, los bomberos provocaban incendios, etcétera.

Hablamos del evidente significado de su juego, relacionado con su deseo de salvar a su hermana, de encontrar un buen hospital donde tal vez la habrían curado y de su desesperación por el hecho de que ninguno de los rescatadores había conseguido mantenerla con vida. Éste era el aspecto de sus sentimientos que todo el mundo reconocía, y yo intentaba ayudarle. Consideraba importante observar y admitir que, a veces, estas figuras buenas no eran amables y que, en sus juegos, eran en ocasiones quienes provocaban los problemas. Después me comentó que nunca le había gustado tener una hermana, lo que le impulsaba a considerarse responsable en parte de su muerte. Esto le asustaba, no sólo por lo que había pasado, sino por lo que les podía ocurrir en el futuro a sus padres, por ejemplo, si se enfadaba con ellos. Le costaba sentirse libre para disgustarse, enfadarse o comportarse de otra forma que no fuera bien.

Una vez despejada esta parcela, se convirtió en un chico travieso, descarado y autoritario en sus sesiones conmigo y en sus juegos. Se comportaba como cualquier niño activo de su edad. Sus padres, aunque agradecían lo bien que se había portado en el pasado, se mostraron dispuestos a ayudarle a expresar tanto sus sentimientos negativos como los positivos, lo que facilitó su integración en su nueva escuela, con los niños más revoltosos.

La expresión de ira ha de ser tolerada por los demás para que no se sienta como algo insoportable o, peor todavía, mortal. Si la rabia no se verbaliza, resulta difícil, y en ocasiones imposible, controlarla. El niño no tiene manera de aprender a dominar sus sentimientos agresivos, a menos que pueda experimentarlos. Sólo así sabrá lo fuertes que son. Si no se le permite desahogar su furia o escenificar parte de lo que siente, quizá imagine que su capacidad destructiva es mucho más poderosa de lo que en realidad es. Puede quedar paralizado, por ejemplo, cuando se encuentre con un pequeño bravucón en el patio del colegio. A tenor de su experiencia y lo que ha deducido de ella, quizá se porte como un buen chico que nunca pelea y reciba una paliza. Tal vez piense que es invencible y se lleve una sorpresa al descubrir que el otro muchacho es mucho más fuerte. Tal vez pierda el control y golpee con mucha más fuerza de la que creía poseer.

Debería existir un espacio legítimo para sentirse colérico, albergar pensamientos airados. La expresión de la furia y su aceptabilidad varían según las culturas, incluso en el seno de diferentes familias. Dar un portazo, gritar o romper cosas puede ser una norma en un hogar y estar prohibido en otro. El niño ha de manifestar su ira en la familia y después compararla con la que se permite en otras.

AGRESIVIDAD

Una forma de lidiar con la ira es la agresividad, que suele ser la otra cara del miedo. Los niños pequeños, en particular, actúan según les dictan sus sentimientos. Necesitan que un adulto les proporcione un modelo que les permita reflexionar antes de obrar. Como hemos visto en el caso de Paul, su agresividad nacía del miedo. Apenas se atrevía a experimentar el sentimiento y solía actuar antes de saber qué sentía. Gracias a Paul y otros niños con carencias afectivas, tomé conciencia de la necesidad de hablar y pensar en qué sienten, así como de intentar traducir en palabras esos sentimientos, para que desarrollen una forma de establecer cierta distancia entre el sentimiento y la acción. Aunque Paul es un ejemplo extremo, todos los niños comparten parte de su experiencia.

Los chiquillos suelen mostrarse agresivos cuando están asustados, se ven amenazados, reciben una negativa, son incapaces de hacer lo que les piden o están sometidos por otros, sean niños o adultos. Una manera de no asustarse es ser como los que asustan, convertirse en el agresor. Ser pequeño puede ser aterrador. Los demás parecen hacer mejor las cosas, tener mayor poder, ser más grandes y fuertes.

Un libro maravilloso que ilustra lo que acabo de explicar es *Donde viven los monstruos*, de Maurice Sendak.[19] Cuenta la historia de un niño bastante travieso, Max, a quien castigan a ir a la cama sin cenar. Cuando se sienta en su habitación, ésta se transforma en una selva salvaje y viaja al país donde viven los monstruos.

Creo que la novela refleja muchos aspectos del «monstruo» que anida en los niños pequeños. El enfado que le provoca el castigo impele a Max a refugiarse en un lugar fantástico poblado por figuras aterradoras, y los padres pueden ser aterradores cuando se enojan. El viaje dura una eternidad, pues el tiempo se alarga cuando estás aislado. Por fin encuentra refugio con los monstruos. ¿Qué mejor forma de domeñarlos que convertirse en su rey? Claro que, una vez consentidos el desenfreno y la rebelión, observa que es un lugar muy solitario. Entonces decide que los monstruos son los malos y, tal como hizo su madre con él, los envía a la cama sin cenar. Por suerte Max recuerda y atesora la imagen de su madre como una mujer «bastante buena» y, por tanto, «desde el otro confín del mundo le llegaba el olor de cosas sabrosas». Sabemos que es un niño muy querido porque, en el final feliz, encuentra el camino a casa y una cena caliente: la idea de la madre que todavía le quiere a pesar de todas sus travesuras.

Por desgracia para Paul y muchos otros niños con los que he trabajado, no siempre es fácil encontrar el camino de vuelta a casa, los monstruos de la selva suelen ser más inofensivos que los del hogar y su invitación a quedarse con ellos es muy atractiva. Para muchos niños, la guarida del monstruo se convierte en un lugar permanente, en lugar de un viaje ocasional. Algunas investigaciones advierten de que «el trauma infantil conduce al comportamiento violento, no sólo en la infancia y la adolescencia, sino también en la vida adulta».[20] Cuando trabajamos con niños pequeños, estamos en posición de romper el ciclo y ayudarles a vivir una experiencia diferente.

No hemos de olvidar que la agresividad puede ser también una fuerza positiva; el equivalente emocional del tono muscular. Con frecuencia proporciona determinación, un impulso para avanzar. Es lo que hacemos con nuestra agresividad lo que la canaliza hacia un uso constructivo o destructivo.

ODIO Y AMOR

Con el tiempo aprendemos que un pensamiento no es lo mismo que una acción. Asimismo, si reflexionamos antes de realizar una acción, podemos decidir si queremos o no actuar. El pequeño Paul aprendió a decir «quiero destrozar la ventana» en lugar de hacerlo. La otra gran ventaja de pensar antes de obrar es que aprendemos sobre las consecuencias de nuestros actos.

Como padres, hemos de ser capaces de aceptar la furia cuando adoptamos una determinada postura y decimos «no» a los hijos. Hemos de dictar normas que atañan a la convivencia con la esperanza de enseñar a nuestro hijo a ser considerado con los demás.

Jeremy, un chico delicioso e inteligente al que traté desde que contaba dos años y medio hasta que cumplió los cinco, fue enviado a mi consulta porque tenía un comportamiento muy violento. A sus tranquilos padres de clase media les costaba controlarle, y estaban abrumados por su conducta nerviosa, agresiva y veleidosa. La «gota que colmó el vaso» fue que golpeó a su padre en la cabeza con un martillo cuando tocaba el piano y Jeremy requería su atención. A continuación transcribo el extracto de una sesión con Jeremy, llevada a cabo después de unas vacaciones, cuando tenía cuatro años:

Jeremy entró como una exhalación. Empezó a chillar, corretear por la habitación, amenazar con «comeros a todos». No lograba calmarse y corría de un lado a otro, cortaba papeles, escribía, jugaba a abrir el grifo del fregadero al máximo... No paraba quieto ni un momento. Pasó revista a la sala y con voz tonante, que recordaba a la de Papá Oso en el cuento de *Ricitos de Oro*, preguntó: «¿Quién ha estado aquí?» Le hablo de las vacaciones, lo que le irrita, y comento que parece un gigante fisgón. Pregunta quién ha estado conmigo en su ausencia y luego empieza a sacar de cualquier manera los muebles de la casa de muñecas al tiempo que dice: «Está muerto, ya lo ves.» Coge piezas y las muerde. Le digo que está muy enfadado, que se siente como un león, que ruge, destroza cosas, devora, mata. Susurra que cuando llora quiere a la señora Phillips. Digo que las vacaciones han sido muy duras para él, que los dos hemos echado de menos el tiempo que pasamos juntos. Dice: «Si te como, ya no estarás, ¿verdad?» Le explico que, cuando quieres a la gente, como a mamá y a mí, sientes cosas con mucha fuerza, y te preocupa que puedas destruirlas y perderlas.

Es irrelevante si podía comerme o no. Lo cierto, desde un punto de vista emocional, es que estaba tan enfadado que tenía ganas de hacerlo. Como hemos visto antes, en la fantasía cualquier cosa es posible. Tal vez albergara la idea de que, si te comes a alguien, lo llevas dentro y nunca podrá marcharse. Durante la sesión fue capaz de pensar, pese a la furia, en lo evidente, en el hecho de que también me quería. Es en ese estado ambivalente cuando empezamos a ver al otro en su totalidad, con sus aspectos buenos y malos, y decidimos lo que sentimos por él como persona. Gracias a la capacidad de aplacar la ira y reconocerla, nace el pensamiento, y con él el aprecio hacia el otro, el inicio de la gratitud. Jeremy y yo tuvimos oportunidad de explorar sentimientos intensos y su impacto, el efecto tanto de las emociones apasionadas y positivas como del odio y la furia. Estoy segura de que aprendí tanto de su sinceridad y franqueza como él de mí. ¡Es fácil adivinar cuánto le quería!

LÍMITES COTIDIANOS

He intentado demostrar que todo comportamiento tiene significado, que ocurre dentro del contexto de las relaciones, y que la misma historia contiene muchas facetas. Hemos examinado las ideas de lidiar con sentimientos internos contradictorios, y la influencia de nuestra experiencia pasada en nuestro presente. Hemos visto algunas consecuencias de decir o no decir «no», y las reacciones que suelen producirse. Ahora me gustaría hablar de cómo fijar límites a las dificultades y conductas más comunes de los niños pequeños.

SEPARACIÓN

Una época en que no hay más remedio que decir «no» a un niño llega en el momento de la separación. Quiere quedarse contigo, pero ha de estar con otras personas. Una queja habitual de las familias es que el pequeño se niega a separarse, se agarra y llora. El problema no sólo estriba en cómo se llevará con los demás, sino en que, en caso de no negociarse bien la separación, a menudo la relación contigo no será satisfactoria. El niño se aferra a ti, mientras tú intentas desprenderte de él. Una vez más, deberíamos examinar cómo interpreta cada persona el comportamiento de los otros. Es importante oír y escuchar la historia. La separación siempre es un proceso bidireccional.

Una de las primeras separaciones que viven los niños pequeños se produce cuando los dejan al cuidado de una abuela, una *au pair*, una niñera, o cuando van a la guardería. Cualquiera que visite un parvulario encontrará a una madre, como mínimo, angustiada por abandonar a su hijo, aunque dé la impresión de quitárselo de encima. Tal vez observes que, cuando el niño dice adiós una vez y se lo llevan, aunque sea a regañadientes, la madre se despide diez veces, indicando que una no era suficiente y que el proceso también le resulta doloroso. Al final de la escena es posible que el chiquillo llore, tras haber percibido y exagerado los sentimientos de la madre. Por este motivo algunas guarderías prohíben a los padres traspasar la puerta. Esto no resuelve el problema de la separación a la madre o al niño, pero facilita las cosas al equipo a corto plazo.

La forma en que los padres presenten la separación determinará cómo la experimentará el chiquillo. ¿Confía la madre en la persona encargada de su cuidado? ¿Son positivos sus recuerdos de cuando estaba fuera de casa? ¿Cree que deja al niño por sus necesidades o por las de ella, por ejemplo, si va a trabajar? Estos factores influirán en su manera de despedirse. Un adiós dicho con confianza proporcionará al niño la perspectiva de que las siguientes horas serán buenas.

Con frecuencia se plantea la cuestión de si es mejor decir adiós o desaparecer con sigilo. Muchos adultos tienen la falsa creencia de que los pequeños no son conscientes de su entorno; si no te ven, no piensan en ti. Como he trabajado con niños menores de cinco años durante mucho tiempo, puedo garantizar que no hay nada más alejado de la verdad. Sí es cierto, sin embargo, que si se les anuncia una partida inminente se les brinda la oportunidad de protestar. Los padres necesitan reconocer y aceptar estos sentimientos, sin abandonar sus planes de marcharse.

Por otro lado, cabe la posibilidad de que el chiquillo se alegre de que sus padres se vayan, lo que puede ser muy doloroso para la madre encariñada, consciente de lo mucho que añorará a su hijo.

¿Qué haces cuando el niño chilla, se aferra a ti como si le fuera la vida en ello y da la impresión de que morirá si te marchas? Como en los ejemplos antes expuestos, has de pensar si esos sentimientos reflejan de verdad la situación. Si te despides con una actitud positiva, convencida de que lo dejas en buenas manos, refuerzas la idea de que estará bien sin ti, de que hay otras personas capaces de cuidarle. Si te quedas a su lado, admites que sólo tú puedes atenderle, que el mundo es un lugar peligroso. Hay que irse de una manera delicada y tener en cuenta el tiempo que puede pasar sin ti. Quizá se trate de un proceso lento, pero hay que iniciarlo si quieres que tu hijo saboree otros deleites, aparte de los que tú le ofreces.

EL SUEÑO

Dilys Daws, una psicoterapeuta infantil, ha analizado con gran claridad los sentimientos que la separación provoca a los padres y cómo se transmiten a los niños. En su libro *Through the night*,[21] relaciona las dificultades a la hora de dormir con los sentimientos ambivalentes de los padres sobre la separación.

Muchas parejas tienen camas grandes para acomodar a sus hijos. Es un problema típico de nuestro tiempo. Existen ideas enfrentadas sobre los beneficios o perjuicios de permitir a los niños acceder al lecho de los padres. Por supuesto, es raro que un niño mayor, un adolescente o un adulto, duerma con sus progenitores. En general el problema se plantea en los niños de entre dos y siete años. ¿Por qué nos cuesta decirles «no» cuando quieren dormir con nosotros? Como siempre, la respuesta no es sencilla. Existen numerosas causas.

En el capítulo 1 hablamos del miedo a la separación. El acto de dormir con frecuencia fomenta los sentimientos de pérdida. En último extremo, el miedo a morir. Tennyson escribió que el sueño es el «hermano gemelo de la muerte»,[22] y casi todos los padres, antes de acostarse, comprueban si sus hijos están bien, si aún respiran.

Cuando duermes, entras en un tiempo o espacio que apenas controlas. Existe una sensación de aislamiento. Para algunos es un paraíso de descanso, de privacidad, de calma y dulces sueños. Para otros, es un mundo tempestuoso de pesadillas. Para la inmensa mayoría, es una mezcla de ambos. Claro que ignoramos cómo será nuestro sueño. Antes de acostarnos utilizamos expresiones que hacen que el sueño suene como un viaje. Nos deseamos buenas noches, dulces sueños, decimos, «hasta mañana». Indicios de partir y regresar todos ellos.

El concepto que los padres tienen del sueño influirá en lo que el niño anticipe en esa zona intermedia entre la vigilia y el sueño. Un padre que antes de ir a la cama deja una luz encendida, por si la oscuridad asusta al niño, da por sentado que es inquietante antes que tranquilizadora. Lo mismo puede decirse de las puertas cerradas frente a las abiertas, del silencio frente al ruido. Los sentimientos acerca del sueño comunican una imagen de lo que es. Hay un hermoso cuento infantil, *El búho que tenía miedo de la oscuridad*,[23] que ilustra cómo supera el protagonista su temor hablando con los seres que la aman. Si crees que una cama vacía es una delicia, te mostrarás más firme con tu hijo cuando le digas que debería dormir solo. Si, por el contrario, te parece un lugar solitario, supondrás que por eso desea estar contigo y cederás. De hecho, tal vez tenga un motivo muy diferente para acudir a tu lecho o no querer ir a dormir. Has de escucharle, en lugar de asumir que es como tú.

Existen otras razones para explicar por qué los padres permiten que los niños estén levantados hasta muy tarde o duerman en su cama. Si trabajan todo el día, quizá piensen que el único rato que pueden compartir con el pequeño es la noche. En general transigir en este aspecto de vez en cuando resulta muy satisfactorio. No obstante, es importante saber de quién son las necesidades o preocupaciones que se están atendiendo. Una madre soltera que trabajaba conmigo dormía a menudo con su hijita porque la noche le asustaba. Aunque sabía muy bien que su hija de dos años no podía protegerla, se sentía más a salvo con ella en la cama.

En otros casos la razón hay que buscarla en la existencia de problemas matrimoniales. La presencia de un niño en la cama puede ocultar la distancia que los padres desean poner entre ambos. En ocasiones, puede ayudarles a evitar la sensación de soledad al tiempo que actúa a modo de barrera. Esta clase de situación no es positiva para el chiquillo. Quizá perciba cuán necesario es para sus padres y le resulte difícil proteger su espacio. Tal vez se preocupe por la hostilidad manifiesta entre sus progenitores y quiera intervenir para impedir que algo malo ocurra. Quizá los padres agradezcan la seguridad que les proporciona. Algunos chiquillos tal vez intuyan que existe una barrera, quieran derribarla y se acerquen a un padre para alejar al otro. Debes plantearte todas estas cuestiones y muchas más si descubres que tu hijo siempre está en tu cama.

Permitir que un hijo duerma contigo todas las noches no le ayuda en absoluto. Impide que desarrolle su sentido del yo. Si tiene miedo por las noches y acude siempre a tu cama, no creará estrategias para enfrentarse a ese temor. Será siempre vulnerable. Se asustará cada noche y te llamará, en lugar de aprender a esconder la cabeza bajo las mantas, cantar para sí o escuchar una cinta. Si cree que hay cocodrilos debajo de la cama o duendes en el ropero y le sacas de la habitación, aunque tus palabras nieguen su existencia, tus actos indican que es mejor estar fuera. Así le privas de la experiencia de averiguar que no hay monstruos en el dormitorio. Por otra parte, si ha de inventar métodos para controlar el miedo, con el tiempo y la ayuda de diversas estrategias conseguirá que desaparezca y fomentará su confianza en sí mismo y su adaptabilidad. En su epopeya de ficción científica *Dune*, Frank Herbert crea una «Letanía contra el miedo», que describe, en mi opinión, una fórmula perfecta para vencerlo:

> No debo temer. El miedo es el asesino de mentes. El miedo es la pequeña muerte que provoca la destrucción total. Haré

frente a mi miedo. Permitiré que pase sobre y a través de mí. Y cuando haya pasado, volveré el ojo interior para ver su sendero. Por donde el miedo se haya ido, no habrá nada. Sólo yo quedaré.[24]

Con experiencias como el miedo, de poco sirven las palabras tranquilizadoras. Para ahuyentarlo, no hay nada mejor que experimentarlo, aprender a dominarlo y superarlo.

Es posible que un niño sólo recuerde sus temores a la hora de ir a la cama, pero la madre debe reflexionar sobre ellos durante el día y hablar con él para planear juntos formas de atajarlo antes de que se convierta en pánico. Tal vez descubran la manera de mantenerlo a raya, ideen planes y estrategias que el niño pondrá en práctica, por ejemplo, contar con un juguete especial, esconderse bajo las sábanas, escuchar música o un cuento, dejar una luz encendida, etcétera.

COMIDA

Muchos pequeños se enzarzan en terribles batallas con sus padres a la hora de comer. Este momento también resulta difícil para los progenitores. Una madre puede ser sensible a las reacciones que provocan los alimentos que sirve. Tal vez interprete la negativa del niño como un rechazo a su persona. A veces la comida suscita tantas emociones que el chiquillo queda desconcertado. Tal vez considere indigesto el ambiente, no la comida. De hecho todos hemos experimentado un nudo en el estómago cuando estamos en una situación tensa. Los pequeños, sobre todo antes de que dominen su capacidad del lenguaje, son muy sensibles al clima emocional. Por ejemplo, tal vez rechazan la sopa porque no les gusta, pero si les tratan como si eso significara que odian a su madre les costará aceptar cualquier alimento. Muchos chistes judíos aluden a esta interacción, común entre madres e hijos. Por otro lado, quizá acaben por conformarse con lo que les dan y dejen de discriminar por sí mismos lo que les gusta de lo que no. Se adaptarán para no provocar disgustos.

Si un chiquillo se niega a probar un plato nuevo o actúa como si toda la comida fuese mala, quizá necesita que su madre traduzca su reticencia. Como ya hemos visto, nuestras reacciones ayudan al niño a formarse una idea del mundo que le rodea. La madre que permite a su hijo ser muy quisquilloso le está dando la razón en que no hay casi nada bueno para comer. La que es incapaz de decir «no» cuando el pequeño le exige el mismo plato cada día o rechaza casi todos los alimentos puede terminar tiranizada y aceptando sus órdenes. En cuanto empieza a cambiar sus costumbres y cede a todos los caprichos infantiles, se obsesiona por lo que el pequeño comerá o dejará de comer. Se vuelve indecisa y tal vez se sienta culpable por no seguir una dieta sana. La comida se convierte en una fuente de sinsabores. ¡Qué enorme pérdida! Para solucionarlo, podría establecer ciertas reglas; por ejemplo, que el niño ha de probar algún plato nuevo cada semana o que puede elegir un número limitado de alimentos que le desagradan. Asimismo, podrían llegar a un acuerdo mediante el cual las espinacas, las judías y la col quedan excluidas del menú, pero debe consumir otras verduras. Tales normas respetan el hecho de que tiene sus gustos, al tiempo que permiten a la madre mantener la postura de que hay muchos alimentos deliciosos. Como hemos visto en este capítulo, es importante que la madre se sienta segura de que está ofreciendo algo bueno, pues de este modo transmitirá su convicción a su hijo, que por lo general disfrutará de sus comidas.

LA ESPERA

Como sabemos, los pequeños viven intensamente el presente. Poseen un sentido del tiempo muy subjetivo. Esperar les resulta difícil. Desean una gratificación instantánea. Existe un aspecto muy físico en esta actitud. Todos hemos visto que un niño hambriento se pone revoltoso, irritable e irritante. La transformación que sufre después de comer es casi milagrosa: se muestra alegre y cordial. De forma similar, un niño que está a punto de enfermar parece al principio enfadado. Sólo cuando ha superado la enfermedad comprendemos el motivo del mal humor (después de pasar por esta experiencia una y otra vez, he decidido que un mal comportamiento es una buena herramienta para diagnosticar afecciones físicas, casi un síntoma).

Cuando un niño no recibe lo que desea, su sensación de que la espera es nociva se basa en parte en la realidad, en su experiencia. Sin embargo, necesita aprender que la espera es buena, que sobrevivirá a ella y a los sentimientos que despierta. En ocasiones, cuando no consigue lo que desea al instante, reacciona de tal modo que la madre acaba por creer que no lo soportará y deja lo que está haciendo para acudir a su lado. Las amistades de algunas madres se quejan con frecuencia de que no pueden sostener una conversación normal con ellas porque permiten que sus hijos les interrumpan continuamente. La experiencia repetida de aguardar un momento tolerable proporciona al niño práctica y confianza en que puede valérselas por sí solo.

Las madres que consideran cruel hacer esperar a un niño pueden identificarse hasta tal punto con él que es su parte infantil la que les induce a complacerlo. Si algo se le antoja muy penoso, cuesta ofrecer una imagen diferente. Tu lucha interna contamina la del niño. Es importante desentrañar qué sentimientos son los dominantes, los tuyos o los de él.

La culpa también obstaculiza nuestra capacidad de ayudar a esperar a los niños. Muchas madres que han reprendido con severidad a su hijo sienten remordimientos al día siguiente al descubrir que tiene un resfriado fuerte. En el peor de los casos, podemos creer que nuestra reprimenda le enfermó. Existe la sensación de que decir «no», fijar límites, es peligroso. Sin embargo, ya hemos visto que lo peligroso es no hacerlo. El niño incapaz de esperar está a merced de sus emociones más intensas, y puede sentirse muy desdichado. Establecer un límite puede ayudarle a controlar dichos sentimientos. De lo contrario, tal vez se sienta invadido por una furia imposible de domeñar, como hemos comentado en el caso de los niños que se creen omnipotentes.

COMPORTAMIENTO DESTRUCTIVO

Sean cuales sean las circunstancias, es importante que el niño aprenda a no lastimar a los demás y, si lo hace, a reparar el daño causado. Aquellos a los que se permite ser destructivos se alarman mucho, tanto por lo que han hecho como por lo que podrías hacerles. Paul, el niño violento del que he hablado antes, fue sometido a una radiografía en cierta ocasión. Cuando la máquina se acercó a él, exclamó: «¡No me dispares», convencido de que la hora del desquite había llegado. Los chiquillos que rompen cosas y destruyen lo que les frustra tal vez se sientan culpables al principio y después piensen, desesperados, que nada bueno sobrevivirá. Terminan pensando que el mundo se ha quebrado, sin posibilidad de reparación. Constituye un alivio que alguien te impida hacer daño a los demás. Significa que también están preparados para protegerte. Cuando un niño sufre un arrebato de furia, tal vez se sienta descontrolado. Una vez más, ponerle coto es una señal de firmeza, la voluntad de hacer frente a su ira pensando siempre en su bienestar.

Todos hemos visto reportajes sobre niños educados al margen de la sociedad, donde el efecto de sus actos parece importar un comino. Nadie les cuida, nadie vigila sus instintos destructivos. Estos niños sienten que da igual lo que hagan. Adoptan una actitud «pasota». Al dejar que se comporten así se les permite forjarse un mundo sombrío.

MODALES

Una de las nuevas tareas de los niños de entre dos y cinco años consiste en dominar las formalidades que implica estar en compañía. Si bien no esperamos gran cosa de los bebés en este aspecto, a los niños pequeños se les exige algo más. Para ser exactos, el bebé ya ha hecho sus pinitos en este ámbito: le han pedido que sonría, que agite la mano para despedirse, que se muestre simpático, etcétera. Pero más adelante un niño puede recibir una reprimenda por no obedecer.

Una vez más nos enfrentamos a la tarea de ayudar al niño a socializarse sin que se sienta abrumado. El equilibrio entre lo que consideramos apropiado y lo que transmitimos siempre está presente. Es fundamental que los niños aprendan a comportarse bien en sociedad, por el sencillo motivo de que, de lo contrario, nadie querrá estar con ellos.

Quizá consideremos la infancia un maravilloso tiempo de libertad y detestemos restringirla. En contraposición, quizá pensemos que los niños son adultos pequeños, y en consecuencia nos exasperamos cuando no se comportan como tales y les obligamos a conformarse. Nuestra postura filosófica sobre las ventajas de la infancia y la necesidad de formar parte de la sociedad ejercerá una gran influencia sobre la forma en que impongamos los límites. Asimismo reflejará nuestros propios esfuerzos por ser individuos y parte de un grupo. Por lo tanto, debemos actuar con respeto hacia la personalidad emergente del niño, al tiempo que les prestamos herramientas para desenvolverse en la vida. Por regla general funciona mejor un enfoque coherente y repetitivo que la mano dura.

Es importante que, como padres, valoremos el buen trato. Una madre que permite a su hijo ser grosero y desconsiderado le indica que es una forma justa de tratarla. Está cediendo a un aspecto abusivo del niño, lo que, como ya hemos visto, no beneficia al pequeño. Además ofrece un modelo de conducta: el niño carecerá de la energía necesaria para plantar cara si la gente le trata mal. Para las madres que no poseen un fuerte sentido de la autoestima, o que basan su visión de sí mismas en ser siempre accesibles, será más difícil comportarse con firmeza. Hemos de recordar que lo que influye en nuestros hijos no es sólo nuestro comportamiento con ellos, sino cómo les dejamos comportarse con los demás. Los modales y las convenciones sociales no son banales, sino fundamentales para establecer relaciones. Crecer implica ser domado hasta cierto punto. Un pasaje muy conmovedor del cuento *El principito*, de Antoine de Saint-Exupéry, es la petición del zorro de que lo domestiquen. El principito quiere jugar con un zorro al que acaba de conocer. El animal explica que no puede jugar porque no está domesticado. El principito queda perplejo, y el zorro aclara que «domesticar» significa «establecer lazos». Continúa:

> Si me domesticas, será como si el sol saliera para iluminar mi vida. Conoceré el sonido de un paso que será diferente de los demás. Otros pasos me empujarán a esconderme bajo tierra. Tú me llamarás, como música, y saldré de la madriguera. ¿Ves los campos de grano allí, a lo lejos? No como pan. El trigo no me sirve de nada. Los trigales no me dicen nada. Es triste. Pero tu pelo es del color del oro. ¡Piensa en lo maravilloso que será cuando me hayas domesticado! El grano, que también es dorado, me traerá tu recuerdo. Y me encantará escuchar el viento que mece el trigo...[25]

La madre que ayuda a su hijo a construir relaciones de esta forma siempre será especial para él. Recibirá una merecida gratitud.

NUESTRO LUGAR EN LA FAMILIA

Es frecuente que los niños de entre dos y cinco años de edad asistan al nacimiento de un hermanito, lo que suscita la cuestión de nuestro lugar en la familia. Habrá que enfrentarse a cambios, y compartir suele ser difícil.

Con el fin de compartir, el niño ha de partir de una posición de seguridad. Debe saber que es muy querido. La llegada de un nuevo bebé tal vez le haga dudar al respecto, y los padres han de reafirmar su vínculo con él.

Transcribo otro fragmento de *El principito*, que ama a una rosa en particular y dice a las otras:

> Sois hermosas, pero estáis vacías... Nadie podría morir por vosotras. Sin duda, un paseante corriente pensaría que mi rosa es igual que vosotras; la rosa que me pertenece. Pero en sí misma es más importante que cientos de vosotras; porque es ella a la que he regado. Porque es ella a la que he protegido bajo el globo de cristal. Porque es ella a la que he refugiado detrás de

una pantalla. Porque es ella por la que he matado a las orugas (salvo dos o tres que perdoné para que se convirtieran en mariposas). Porque es ella a la que he escuchado, cuando gruñía, se jactaba o incluso cuando no decía nada. Porque es mi rosa.[26]

DEJAR SITIO A LOS HERMANOS

Las investigaciones han demostrado que los primogénitos de esta edad reaccionan con intensidad al nacimiento de un bebé. Se muestran hostiles y rivales con él, furiosos y posesivos con la madre. Se vuelven difíciles, exigentes y, con frecuencia, más infantiles. Quieren el chupete, se chupan el dedo, se orinan en la cama. Al igual que los sentimientos de ira, hay que permitirles expresar los que les suscita la presencia del hermano. También es fundamental ratificar nuestro amor, aunque estén llenos de sentimientos negativos. Esto les proporciona confianza en su posición contigo, les ayuda a aceptar sus sentimientos y a integrar emociones contradictorias. Para ellos, constituye un golpe saber que el bebé se quedará.

Una familia con la que trabajé en la Unidad de Cuidados Especiales Infantiles quedó asombrada al ver lo bien que se llevaba su hija de tres años, Suzy, con el nuevo bebé. Nunca se negaba a visitarla y se mostraba cariñosa. Cuando dieron de alta a la madre, Suzy se prestaba a acompañarla al hospital cada día para ver al bebé y observaba con curiosidad cómo la amamantaba y cambiaba los pañales. Cuando la pequeña pudo ir a casa, Suzy estaba muy nerviosa y emocionada. Sin embargo, al final del primer día preguntó a su madre cuándo la devolverían al hospital. ¡No esperaba que se quedara a vivir con ellos!

En muchas familias se repite esta historia de que el hijo mayor quiere regalar el bebé, enviarlo de vuelta al hospital, etcétera. Decir «no» a su deseo de desembarazarse del recién nacido, mantenerse firmes en que forma parte de la familia, no es fácil. Muchas madres se identifican con el hijo mayor, tal vez porque recuerdan que su hermano menor las desplazó. Si eran la menor de la familia, quizá se sientan culpables por haber querido acaparar la atención de la madre y presten demasiada atención al hijo mayor, que representa a su hermano mayor, a quien consideran privaron de algo. Como el hijo mayor, tal vez se sientan invadidas por este nuevo ser exigente, que tanto tiempo les roba. Por otra parte, quizá se sientan muy unidas con el bebé, como si fueran un solo ser, y lamenten las demandas del hijo mayor. Todos estos pensamientos y sentimientos influirán en su forma de actuar. Una vez más, es importante observar al niño, intentar adoptar su punto de vista y ayudarle en sus forcejeos. En este momento es esencial la ayuda de tu compañero o tu madre, amigos y otras personas decididas a apoyarte. Es muy duro y doloroso hacer frente a estas demandas en solitario sin sentirse abrumado.

En este caso concreto, el objetivo final de fijar límites es conseguir que cada uno cuente con un lugar legítimo en la familia, intentar que se expresen todas las emociones contradictorias, sin que se lleven a la práctica. Ser destructivo no es útil para nadie. Ayudar al niño a dejar espacio a los demás le prepara para compartir en otros contextos, sobre todo en la fase siguiente, cuando empiece la escuela.

CUANDO DECIR «NO» ES ESPECIALMENTE DURO

A los padres les cuesta mucho decir «no» a algunos niños. En parejas que han sufrido problemas de fertilidad, con niños adoptados, acogidos o minusválidos, se plantean problemas específicos.

Puede resultar muy duro ser firme con un niño que has esperado durante años. En ese tiempo de anhelo y decepciones repetidas se construye una imagen del hijo deseado, lo que en ocasiones nubla nuestra visión del niño real que nacerá. Puede cegarnos a los aspectos negativos del chiquillo o hacer que nos volquemos en exceso hacia él. Del mismo modo, nuestra reacción puede ser algo sesgada. Es importante normalizar la experiencia del niño lo máximo posible. Él no ha esperado años a estar contigo, e ignora el pasado que te impele a verle con una óptica especial.

Con niños adoptados y acogidos, heredas un pasado desconocido. Aunque conozcas las circunstancias, siempre habrá aspectos de su personalidad misteriosos. Es útil para el pequeño sentir que entra en un hogar donde las reglas están claras, pues le proporciona una estructura de apoyo para compensar posibles trastornos del pasado. Por otro lado, ser firme sobre nuestra forma de hacer las cosas le otorga una sensación de pertenencia, corrobora que ahora forma parte de tu familia.

Si sabes que el niño ha sufrido una experiencia traumática, has de aferrarte a la idea de que puede enmendarse. Los chiquillos esperan ser tratados como en el pasado y a menudo consiguen que te sientas como las figuras con las que han estado. Es muy difícil cuidar a aquellos que han padecido malos tratos o tienen carencias afectivas. Se comportan, hasta un grado exagerado, como el pequeño Jack, del que hablamos al principio del capítulo con su padre. Otros actúan como Paul, y te ponen a prueba. En estos casos la separación será un tema muy doloroso. Ante una criatura que ha sufrido, nuestra tendencia natural es ahorrarle más padecimientos. Es importante que reciban un cariño incondicional, pero también es fundamental recordar que querer no significa mimar en exceso. Necesitan con desesperación a un adulto preparado para soportar su resistencia y su furia, y que se mantenga firme. Decir «no» en los momentos apropiados es muy útil para ellos.

Si tu hijo sufre alguna minusvalía, quizá la necesidad de fijar límites te provoque sentimientos contradictorios. Puede parecer cruel, demasiado exigente y difícil. Como siempre, es esencial observar al chiquillo y determinar su capacidad de aguante. Si actúas como si fuera demasiado frágil para recibir un «no», refuerzas los aspectos menoscabados de su personalidad. Si intentas que desarrolle al máximo sus posibilidades, le concedes esperanza y la convicción de que se las puede arreglar. Hay que ser realista para evitar conducirle a la desesperación. Sobre todo en los primeros años, una forma de descubrir las capacidades de un niño es a base de equivocarse. No deberíamos llegar a conclusiones acerca de las minusvalías sin brindarles una oportunidad.

Sam, de cuatro años, observaba a sus amigos, que intentaban correr a la pata coja. Estaba sentado y no paraba de removerse en su silla. A su madre le resultaba muy doloroso verle tan entusiasmado por una actividad que no podía realizar. El niño indicó que quería intentarlo. Su madre estaba desgarrada entre el deseo de dejarle, a sabiendas de su fracaso, y ahorrarle el dolor proponiéndole otra actividad. Parecía tan entusiasta que decidió bajarle al suelo y ayudarle. Con su auxilio, extendió las piernas sujetándose con las manos y levantó el pie izquierdo. Su logro le emocionó, y también a su madre. Quedó satisfecho de su decisión y se sintió recompensado por sus esfuerzos.

Esta madre estaba preparada para enfrentarse al dolor de que su hijo no estaba tan capacitado como los demás, para permitirle afrontar la experiencia. De la experiencia dedujo que tal vez Sam no era tan ágil como los demás, pero su determinación y adaptabilidad eran más fuertes que las de ellos.

Una tendencia muy comprensible con los niños discapacitados es intentar que aprendan a toda prisa, por temor a que el desarrollo se interrumpa de repente. Se sabe que las grandes expectativas pueden proporcionar a un niño esperanza y energía, pero también es importante ver al chiquillo en su conjunto. Quizá debas decir «no» a tu deseo de superar la discapacitación a toda costa. Si te concentras en la minusvalía, pierdes de vista al individuo. Sam tiene una discapacitación, pero no es un niño discapacitado. También es Sam, con su propia personalidad. Hemos visto que los pequeños se hacen una idea de quiénes son mirándote a los ojos, porque se ven reflejados. Este hecho es de capital importancia en nuestra relación con los niños discapacitados. El dolor y la pena están presentes, sin duda, la aflicción de haber perdido al hijo que soñábamos. Sin embargo, nuestra tarea consiste en dejar espacio al niño que tenemos, verle en su totalidad, no fijarnos sólo en su discapacitación. Así será más sencillo aplicar todos los principios comentados en este capítulo, en relación con decir «no» y fijar límites, y ayudar al niño a llevar una vida normal.

AYUDA Y APOYO

Como hemos visto, los niños menores de cinco años son seres apasionados y fogosos. Tienden a los extremos tanto en sus percepciones como en su comportamiento. Resulta difícil lidiar con ellos en solitario. La persona que asuma el peso de su cuidado necesitará un apoyo, alguien que atenúe la intensidad y le ayude a aguantar y reflexionar sobre lo que ocurre. Es complicado hacer frente a un torbellino solo. Los chiquillos de esta edad suelen arrastrarte a que te comportes como ellos, de modo que es útil que alguien pueda anclarse en un comportamiento adulto.

Por otro lado, a esta edad el niño toma conciencia de la jerarquía en la familia, del lugar que ocupa en ella. Saber que no es un compañero de su madre, sino un niño, constituye un alivio y un consuelo, aunque se queje al respecto. La fortaleza de la pareja le proporcionará una base sólida. No es necesario que la pareja la formen sus dos padres, aunque suele ser así. Podrían ser dos adultos que piensan en él y le quieren. En ocasiones la otra mitad puede ser alguien contratado para cuidarle. Saber que forma parte de un triángulo, no del dúo íntimo madre-hijo, representa un primer paso en su preparación para salir al mundo. Ha de aprender a entablar otras relaciones y aceptar aquellas que no estén centradas en él. También debe admitir la posibilidad de futuros bebés, las actividades y conversaciones de sus padres que no le incluyan. Todos estos elementos son partes pequeñas y esenciales de un desarrollo sano.

RESUMEN

Una característica de los niños de entre dos y cinco años es que experimentan el mundo como un lugar mágico. Fantasía y realidad todavía no están bien separadas y definidas. El círculo del niño es un microcosmos, basado en la familia y en pequeños grupos. Los temas que se suscitan a estas edades giran en torno a la necesidad de controlar los sentimientos intensos, adaptarse al comportamiento exigido, arreglárselas por sí mismo. Los padres aún están muy cerca y, por lo general, actúan como intermediarios entre el niño y el mundo exterior. Esta cercanía les ayuda a comprenderle, pero a veces las diferencias entre sus percepciones y las del chiquillo se vuelven borrosas. Hay que desentrañar algunas cosas, observar las comunicaciones del niño antes de asumir que es como tú. Decir «no», fijar límites, le ayudará a superar los momentos en que se siente abrumado, pues le permitirá reafirmar el lugar que ocupa en la familia y empezará a desarrollar sus propios recursos.

Parte de este desarrollo puede ser doloroso para la madre y el hijo, pero las recompensas son grandes. En los años posteriores, el niño avanza con ímpetu y firmeza, y pasa muchos momentos solo. Entonces no le servirá de ayuda la presencia continua de sus padres, sino lo que ha conseguido asimilar gracias a su experiencia, lo que conserva en su interior de lo que le han ofrecido.

Mi cita final de *El principito*:

> Y así el principito domesticó al zorro. Y cuando se acercó la hora de su partida...
> —Ay —dijo el zorro—. Voy a llorar.
> —Es por tu culpa —repuso el principito—. Nunca te deseé el menor mal, pero tú querías que te domesticara...
> —Sí, es cierto —admitió el zorro.
> —Pero ahora vas a llorar —dijo el principito.
> —Sí, es cierto —repitió el zorro.
> —En tal caso, no te ha hecho el menor bien.
> —Sí que me ha hecho bien —afirmó el zorro—, debido al color de los campos de trigo.[27]

3
LOS AÑOS DE LA ESCUELA PRIMARIA

Es el primer día de escuela... Vuestra directora es la señorita Trunchbull. Permitidme, por vuestro propio bien, que os diga algo acerca de la señorita Trunchbull. Insiste en mantener la más estricta disciplina en toda la escuela, y si seguís mi consejo haréis lo que podáis por portaros bien en su presencia. Jamás discutáis con ella. Jamás le repliquéis. Haced siempre lo que diga. Si os enemistáis con la señorita Trunchbull, es capaz de trituraros como una zanahoria en una licuadora de cocina.

Roald Dahl,
Matilda[28]

UN MUNDO NUEVO

Hacia la edad de cinco años, todos los niños efectúan la transición de casa a la escuela. Algunos habrán asistido a guarderías o formado parte de un grupo pequeño a cargo de una canguro, y otros se habrán quedado en casa al cuidado de sus padres o madres. Sea cual sea su experiencia anterior, ir a la escuela constituye una novedad. Se espera de ellos más cosas, y diferentes, y han de adaptarse a las normas que rigen a la mayoría y que tal vez no coincidan con sus necesidades individuales. Lo importante ya no es adquirir habilidades sociales, sino educativas. Los niños, en esta fase, han de ampliar sus aptitudes. Su actitud ante las normas, las regulaciones y los modales impuestos, todos ellos aspectos relacionados con los límites, es de capital importancia. Cómo reaccionan al «no» influirá de forma decisiva en su capacidad de adaptarse, hacer amigos y aprender.

Cuando un niño empieza a ir al colegio, una de las principales preocupaciones es cómo se adaptará a la profesora, al grupo y a las exigencias que recaen sobre él. En el capítulo 2 hemos pasado revista a los problemas que desencadena la separación, y es posible que reaparezcan al principio de la escuela. Tal vez el niño esté intimidado por la perspectiva de pasar largas horas lejos de sus padres o se sienta muy perdido en una multitud sin la seguridad de un progenitor que actúe como intermediario para inspeccionar sus contactos. Quizá se muestre inseguro respecto a su relación con la profesora: ¿será como una madre, una tía, una policía, una ayudante? Al ir a una «gran escuela» se sentirá muy mayor y, al mismo tiempo, pequeño, temeroso de las actividades que le propondrán, de lo que se espera de él.

El cambio provoca tanto entusiasmo como preocupación. Como hemos visto con los bebés, no se trata tan sólo de abandonar una costumbre, sino de engancharse a otra. La mayoría de niños se integran en el colegio sin problemas y abrazan su nueva identidad de escolares con placer. Les encantan los símbolos de su nueva situación (el uniforme, si lo hay, la caja de lápices, la fiambrera, los deberes para casa, el cuaderno de ejercicios, etcétera). Durante la primera semana de escuela, mi sobrino exigió llevarse su mochila a la cama.

Quizá los padres no se tomen la experiencia con tanto entusiasmo. En general tienden a mostrarse angustiados. Algunas inquietudes se basan en preocupaciones reales sobre sus hijos y cómo se adaptarán a un ambiente nuevo. Otras pueden estar relacionadas con sus propios recuerdos de la escuela y los sentimientos generales despertados por el cambio y la separación. Al fin y al cabo dejan a su hijo, durante la mayor parte del día, en manos de personas que contribuirán a formar la futura personalidad del niño.

Cuando mi hija menor empezó la escuela primaria, un grupo de madres de la localidad decidió reunir a los niños el día antes de que comenzaran las clases para que se conocieran y entablaran amistades con el fin de que al menos encontraran en el aula algunas caras familiares. También pensamos que contribuiría a que las madres nos conociéramos mejor. El propósito era facilitar algo que, en teoría, considerábamos difícil. Nos reunimos. Los niños desaparecieron y jugaron alegremente mientras nosotras charlábamos. Como era de esperar, intercambiamos recuerdos de cuando nosotras o nuestros hijos mayores empezamos la escuela. Me sorprendió que nuestra conversación derivó muy pronto hacia el tema de las separaciones dolorosas, y acabamos hablando de ingresos hospitalarios y experiencias traumáticas. Mientras los chiquillos disfrutaban de su mutua compañía y de la emoción de conocer a gente nueva, nosotras, las adultas, parecíamos preocupadas por pensamientos inquietantes y aterradores. Reparamos en ello, lo que consiguió concienciarnos de cuán difícil nos resultaba desprendernos de nuestros pequeñuelos y cuán preocupadas estábamos por su bienestar. También nos sorprendió e impresionó la naturaleza extrema de los acontecimientos que acudían a nuestras mentes. Ninguna de nosotras había percibido la angustia que nos embargaba.

Otro aspecto interesante de este encuentro fue que una de las madres verbalizó su deseo de cambiarse el nombre, de Glynis a Gina. Siempre había detestado su nombre de pila y consideró que aquél era el momento más adecuado para emplear el nuevo, en un grupo de gente que no la conocía. Esta anécdota pone de relieve las oportunidades que ofrece un cambio. Todos gozamos de la oportunidad de empezar desde cero con desconocidos. No estamos limitados por lo que la gente sabe de nosotros. En la escuela, los niños se ven despojados de su historia. Para un chiquillo que lo pasa mal en casa, o cuyas relaciones familiares son endebles, se abre la posibilidad de proyectar una nueva imagen, más positiva. El travieso Billy, de quien siempre se piensa que va a hacer el ridículo, tal vez descubra que es muy serio. La tranquila Gemma quizá aprenda que le estimula nueva compañía y se convierta en una niña muy activa cuando sale al patio. Nuestra reunión sacó a la superficie la mezcla de angustia y esperanza que toda nueva situación ofrece.

Todas estas sensaciones cobrarán forma según cómo presentemos la escuela a los niños. Influirán en las posturas que adoptemos sobre su comportamiento y lo que nos dicen del colegio.

NORMAS EN LA ESCUELA Y EN CASA

Hasta ahora, el niño se ha movido en un círculo de gente relativamente reducido. Ha crecido acostumbrado a ellos y a su comportamiento. Está familiarizado con ciertas tareas y expectativas. Habrá empezado a leer y a estudiar matemáticas básicas, y hasta es posible que las domine. Habrá aprendido a relacionarse en grupos pequeños. Sin embargo, cuando entra en la escuela primaria, las expectativas aumentan de manera considerable. Si bien la mayoría de los colegios considera el primer año como una clase de recepción, en la que se medita con sumo cuidado la transición, el cambio es muy radical para los niños. Hasta la simple rutina de alinearse para salir al recreo puede provocar angustia. Siempre hay uno que quiere ser el primero de la fila, y se producen empujones y forcejeos. Se suscita el problema del orden en la jerarquía. Ya en el patio, quizá se escenifiquen algunos dramas. Los chiquillos, que han permanecido sentados y en silencio en clase, a menudo se desahogan durante el recreo. En algunos casos aparecen sentimientos de extrema soledad si no se forma parte de una pandilla, y a algunos les cuesta superar la timidez. Tal vez Jane se integre con toda naturalidad en un corrillo que se divierte, pero Craig piensa que no puede jugar con los demás a menos que se lo pidan. Quizá espere una oportunidad, mientras los otros no reparan en que está solo. Antes, un adulto se habría fijado en Craig e intentado animarle. En la escuela, cuesta ver a los individuos. Es el grupo el que causa el mayor impacto.

El niño ha de adquirir más confianza en sí mismo, así como autocontrol. En un patio de preescolar o guardería se desarrollan muchas actividades al mismo tiempo, con un cierto nivel de ruido. Los pequeños gozan de bastante libertad de movimientos. Hacen de todo, desde pintar hasta montar las piezas del Lego, y forman un pequeño grupo a la hora de la lectura. A menudo cantan para sí y zangolotean mientras trabajan en su asiento, pero en clase deben mantener un relativo silencio, escuchar y concentrarse. Una tarea difícil. Es fácil olvidar la cantidad de energía que exige adaptarse a este nuevo orden.

El problema de las normas es muy importante. Algunas serán explícitas y verbalizadas, como no correr por los pasillos. Otras serán implícitas, y al niño le costará más asimilarlas. Por ejemplo, si habla con un compañero, le harán callar. Quizá está acostumbrado a utilizar los lápices o material que haya a mano, pero ahora cada alumno tiene los suyos y debe utilizarlos y responsabilizarse de ellos. Mientras que los adultos están acostumbrados a decir a los niños pequeños lo que deben hacer, de los alumnos de primaria se espera un grado elevado de autodisciplina. Han de asimilar los límites sin ayuda externa.

El principal propósito de la escolarización es aprender. El niño ha de concentrar su atención y energía en una tarea específica. Sus experiencias pasadas influirán de manera decisiva en su forma de hacer frente a estas expectativas. Eva Holmes, una psicóloga educativa que realizó algunas investigaciones con niños aquejados de importantes carencias afectivas en centros de día e internados, escribe:

> Es muy probable que casi todos los niños de la escuela infantil que hayan sido criados en casa den por sentado que la profesora, «mi profesora», tiene un interés personal en ellos y les habla cuando se dirige a la clase. La presencia de los demás niños es irrelevante. En cambio, los que están habituados a formar parte de un grupo empiezan con la suposición contraria; lo que dicen los adultos carece de relevancia personal y pueden pasarlo por alto.[29]

Al principio, para que un niño aprenda en grupo ha de sentir que ha establecido una relación con el maestro. Ha de creer que le tienen en cuenta, como sus padres en casa. Los profesores de primer año describen sus dificultades cuando se enfrentan a diez niños, como mínimo, que quieren contar su historia o dar la respuesta. Es un acto de malabarismo conseguir que todo el mundo se sienta escuchado sin decepcionar a los que no han tenido oportunidad de hablar, y al mismo tiempo fijarse en aquellos que no se han ofrecido. Para los chiquillos, levantar la mano sin que les interpelen es como si no les hubieran visto. Es como si, después de ser el niño bonito de los padres, se volvieran invisibles de repente. El pequeño se enfrenta a fuertes conflictos internos, un tira y afloja constante.

NO ME TRATES COMO A UN NIÑO

En los primeros años y al principio de la escuela, las normas preocupan a los niños. Saben que son necesarias pero a la vez se muestran remisos a obedecerlas. Inquieren sin cesar «¿me das permiso para...?», a menudo ante la irritación de sus padres, convencidos de que ya deberían saberlo a esas alturas. Por ejemplo, preguntan «si pueden ir al lavabo» cuando están en casa. Parece que necesitan confirmar que tienen permiso, que están observando una norma. Es una demanda de estructura, además de una forma de controlar dos esferas diferentes, la casa y la escuela, y averiguar qué se puede hacer en cada una. A muchas madres las llaman por el nombre de la profesora, y viceversa.

Durante el día, han de escuchar al maestro, obedecer, observar más normas que en casa y adaptarse al grupo. Si lo consiguen, vuelven al hogar con una sensación de gran independencia y muy orgullosos. Si su familia no se da cuenta y los trata como antes, tendrán la impresión de que no concede importancia a su «maduración», todavía muy precaria. Por lo tanto, se rebelarán con frecuencia. «No me trates como a un niño» es una frase que se oye con frecuencia durante los años de primaria. Desean dejar atrás la infancia, integrarse en el mundo adulto. A sus ojos, ser un bebé a menudo significa ser tonto, revoltoso y atolondrado. Los adultos reforzarán esta impresión si les critican con frases como «¡No seas niño!». En ocasiones les cuesta no sentirse como un bebé, y ser tratados como si lo fueran amenaza sus esfuerzos por funcionar de una forma más independiente. En estos momentos los padres han de contenerse, decir «no» a su costumbre de ver al niño como un ser estático, todavía un bebé, y reconocer sus progresos.

El niño al que no le resulta fácil integrarse en la escuela tal vez quiera rebelarse contra las normas del hogar, donde cree que puede hacerlo. Quizá se haya portado muy «bien» en clase, pero al llegar a casa grita, patalea y coge un berrinche. Algunos se alegrarán de que los traten como bebés cuando regresan a casa. Sufren una regresión y piden a los padres que les hagan toda clase de cosas, como cortarles la carne, lo que conduce a éstos a pensar con preocupación que sus hijos nunca se harán mayores.

¿ES EL MISMO NIÑO?

La mayoría de los niños se portan de una forma muy diferente en casa y en la escuela. Con frecuencia los padres son incapaces de imaginar que el chiquillo al que conocen es el mismo del que hablan otras personas.

Peter, que tenía cinco años y acababa de empezar la escuela, siempre volvía a casa nervioso e irritado. Camino de casa, pedía un refresco y algo de comer, como si fuera incapaz de esperar los diez minutos que faltaban para llegar a casa. Lloraba, chillaba y tironeaba de los brazos de su madre. Ésta, aunque tenía muchas ganas de verle al final del día, se hartaba enseguida y se preocupaba por su comportamiento. ¿Por qué se porta como un niño mimado? Si no puede esperar unos minutos, ¿cómo se las apaña en clase todo el día? ¿Es tan intratable con los profesores? Como primera estrategia, decidió llevar una bebida y una pasta cuando iba a buscarle. Esto pareció calmarle durante una temporada, pero después empezó a disgustarse por otras cosas: se impacientaba si la madre no entendía enseguida lo que decía, o si no demostraba interés cuando le contaba algún incidente acaecido en la escuela. Estaba muy malhumorado y al límite de sus fuerzas, y la madre pensaba que lo hacía todo mal o, al menos, no muy bien. En casa, las cosas no mejoraban. Peter tenía rabietas, se arrojaba sobre el sofá si le negaban algo, lanzaba puñetazos, pataleaba y a veces intentaba morder a su madre. La mujer habló con la profesora, muy preocupada.

Averiguó que Peter iba bien en la escuela, era muy estudioso y se portaba con corrección, escuchaba y se concentraba, entablaba amistades en el patio. Se cansaba con facilidad pero, aparte de eso, la maestra no tenía problemas con él.

Cuando me lo comentó, la madre apenas daba crédito a que fuera el mismo Peter. De hecho el Peter de la escuela se parecía más al que ella conocía. Albergaba un tremendo temor de haber perdido a su Peter, el niño con el que había pasado tanto tiempo y disfrutado jugando, yendo al parque, pintando y visitando amigos. Incluso le preguntaba: «¿Adónde ha ido a parar mi Peter?», algo habitual entre los padres que perciben cambios en sus hijos.

Para tratar de comprender lo que sucedía entre ellos, intentamos imaginar qué sentía Peter. Al igual que ella le echaba de menos, Peter también debía de sentirse privado de su compañía. Mamá, que siempre estaba a su lado cuando se hacía daño, alguien le disgustaba o preguntaba algo, no estaba con él en la escuela. Sin embargo, le gustaba ir al colegio, hacer amigos y entablar contacto con un grupo de compañeros. Era como si pudiera controlarse en clase, en parte gracias al entretenimiento, y en parte debido a que quería ser bueno y hacer las cosas bien. También vivía una experiencia positiva en casa, lo que le facilitaba una visión optimista de los profesores, de manera que, en conjunto, era feliz en la escuela. Sin embargo, al terminar el día, estaba agotado y más vulnerable. Así, ver a su madre le recordaba que la echaba de menos, la tensión del día salía a flote y la culpaba de ello hasta cierto punto. ¿Cómo podía obligarle a sufrir de esa manera? En el momento del contacto, todos esos sentimientos afloraban y se liberaban en un torrente de emoción. En este punto, es como si la parte independiente del niño de cinco años controlara la escuela, pero la parte más dependiente e infantil (el niño ávido) volviera a casa. Esta división suele prolongarse durante toda la enseñanza primaria y, de hecho, reaparece en momentos tensos o de transición de la vida.

¿Qué podíamos hacer para ayudar a Peter y su madre? Lo primero era averiguar la situación del chiquillo en la escuela. La preocupación por un niño mal asimilada puede interferir en nuestra capacidad de reparar en sus problemas. Comprobamos que Peter era muy feliz en la clase, que se había adaptado. La inquietud inicial de su madre sobre su comportamiento se apaciguó. Si bien constituyó un alivio, el hecho de que fuera feliz aumentó la sensación de pérdida de la madre y la hizo sentirse un poco celosa de la profesora, a quien Peter alababa y parecía querer mucho. La imagen que de sí misma se había forjado como sostén fundamental de su hijo saltó por los aires. Se sintió sustituida, lo que dificultaba que estuviera a la altura de las circunstancias. Por lo tanto, hablamos de lo que ayuda a los niños a integrarse en la escuela y a establecer buenos contactos con los profesores. A partir de la historia de Peter, y de la interacción entre su madre y él, quedó muy claro que gozaba de una base muy segura en casa. Indiqué que esto le proporcionaba la confianza necesaria para progresar en el colegio, pues tenía la convicción de que los profesores le ayudarían. La buena relación de la madre con él hacía que le resultara más fácil llevarse bien con la maestra. La certeza de que ella le había procurado los medios para salir adelante sin su ayuda consiguió que se sintiera mejor consigo misma. Ya no se veía rechazada, sino como una figura que colaboraba en los progresos de Peter. En cuanto examinamos los sentimientos que provocaba a ambos la separación, la madre logró verse de nuevo como una buena persona a quien echaban de menos. Esto la ayudó a prestar más atención a los sentimientos heridos de Peter. La vida cotidiana había cambiado para ambos, y determinamos que eran precisos un cambio y un desarrollo de la relación. Sí, habían perdido algo, pero se les presentaba la oportunidad de ganar algo nuevo.

Una vez desentrañados los sentimientos y comprendido lo que estaba pasando, las cosas mejoraron. Peter aún se mostraba algo huraño al salir de la escuela, pero su madre estaba preparada para hacer frente a su cansancio y su hambre a base de entrega. Empezó a sentirse menos criticada y desesperada, y el niño extrajo energías de su adaptabilidad y paciencia. Con el tiempo se agotaba menos y administraba mejor su ritmo en la escuela, tal vez porque se relajaba un poco y no necesitaba llevar a cabo un tremendo esfuerzo para evitar desmoronarse.

Este caso demuestra que las preocupaciones, las separaciones y los sentimientos de rechazo pueden herirnos hasta el punto de que no reparemos en la experiencia del otro. Las dos personas se introducen en un ciclo de insatisfacción y críticas mutuas, y aunque parezca paradójico se distancian al tiempo que lamentan la pérdida de su intimidad.

Uno de los propósitos y efectos de decir «no», de fijar límites, es estimular el crecimiento y el desarrollo. Por tanto, hemos de adaptarnos al movimiento cuando se produce. Sin embargo, no siempre adopta la forma que esperamos o nos facilita las cosas, y nuestra tarea consiste en decirnos «no», en reprimir nuestro impulso de imponer nuestro enfoque o punto de vista a nuestro hijo. Hemos de permitir que el niño desarrolle su propio método de integrar lo que aparece en su camino.

Conciliar lo que aparentan ser aspectos contradictorios del mismo niño puede resultar muy arduo. Es difícil reconciliar al niño de seis años que actúa con tanta serenidad en determinados momentos con el bebé exigente en que se transforma a veces.

Clare, que acababa de cumplir cinco años, estaba de vacaciones en Italia con sus padres, una hermana y un hermano mayores. Visitaban museos, comían en restaurantes y caminaban sin cesar. Sus padres estaban impresionados por lo bien que se portaba. El único problema estribaba en que les volvía locos con sus continuas solicitudes de cuidar el nuevo muñeco de Mickey Mouse que le habían regalado. Tenían que encontrar un asiento para Mickey en el café, procurar que estuviera contento, explicarle lo que decían en el idioma extranjero, etcétera. Cundía el pánico si se perdía la manta de Mickey. Toda la familia se enfurecía ante la insistencia de Clare de atender bien a Mickey, y tenían ganas de gritar: «¡Si sólo es un juguete, por el amor de Dios!» Sólo cuando entendieron que su preocupación por Mickey era una señal de que ella se sentía perdida (lejos de casa, de su cama, de la rutina) su irritación desapareció. Compadecieron a Clare por el *dépaysement* que sufría y no había expresado de manera directa. En cuanto se dieron cuenta de que, al satisfacer las necesidades de Mickey cuidaban de Clare, todo resultó más sencillo.

Durante los años de la escuela primaria los niños fluctúan entre la autonomía y la dependencia, entre ser razonables y coger berrinches, entre actuar con confianza en sí mismos y mostrarse muy inseguros. Como madre, es difícil alcanzar un equilibrio entre apoyar su independencia y vigilar sus necesidades sin que se sientan infantilizados. Serán importantes el momento y la forma de decir «no». Podemos conseguir que el niño se sienta empequeñecido y humillado, o protegido y seguro. Como la tesis de mi libro es que decir «no» ayuda a construir, no a destruir, es esencial adoptar la perspectiva del niño, considerar el efecto que un «no» ejerce en su creciente confianza en sí mismo.

RAZÓN Y LÓGICA

Los franceses dicen que los niños alcanzan a los siete años *l'age de raison*, la edad de la razón, es decir, son capaces de actuar racional y conscientemente. Los chiquillos de esta edad discuten y argumentan sus puntos de vista. Se enorgullecen de ser lógicos y detestan que se les considere irracionales o gobernados por las emociones. Para fortalecer su emergente yo autónomo, es importante que se reconozca su desarrollo. No obstante, existe una división entre su lado razonable y su lado más apasionado e infantil. Mi hija Holly, de cinco años, se enzarzó en una acalorada discusión con su buena amiga Sassy acerca de los orígenes del mundo. Sassy insistía en que Dios había creado el universo, y Holly defendía que todo se remontaba al Big Bang. Se disgustaron mucho, como si lo que estuviera en cuestión fuera su posición de «persona que sabe», en lugar de la respuesta verdadera a los orígenes del hombre.

Oiréis con frecuencia a niños pequeños debatir sobre temas de envergadura que no acaban de comprender muy bien, pero que les importan como aspectos importantes de su integración en el mundo del lenguaje y el pensamiento. Por otro lado, desean que los tomen en serio y sentirse seguros de que están en lo cierto. Además, las pruebas que aportan en ocasiones poseen su lógica. Joanne, una niña de seis años, estaba convencida de que no había elefantes en Inglaterra. Cuando los demás niños dijeron que los habían visto en el zoo, se negó a creerles. Me pidieron que ejerciera de árbitro e intenté explicar que los elefantes no eran originarios de Inglaterra, pero que había algunos en el zoo. De esta manera, tanto Joanne como sus compañeros tenían razón, según cómo se mirara. Sin embargo, esto no fue suficiente para Joanne, que esgrimió como última arma el hecho de que sabía que estaba en lo cierto porque la peluquera de su madre se lo había dicho. Perpleja, pregunté por qué la peluquera era una autoridad en materia de elefantes. «¡Sabe más porque es mayor que usted!», contestó. A todos los niños se les dice en alguna ocasión que los mayores son más sabios, de modo que Joanne utilizó su propia lógica para defender su teoría.

A estas edades, tener razón, la equidad y la justicia adquieren gran relevancia. A medida que el niño rechaza los aspectos infantiles de su personalidad (las partes emocionales e ingobernables), concede una gran trascendencia a su capacidad de razonar y argumentar. En ocasiones interpreta las discrepancias como un ataque a su integridad, o se siente muy turbado si se cree incomprendido, como si cuestionaran la mismísima estructura de su ser. En esta época aprende a convivir con los demás y a desarrollar una conciencia. Por regla general, desean con desesperación ser «buenos», y pueden mostrarse muy duros con los aspectos de sí mismos y de los demás que consideran «malos». Bruno Bettelheim escribe sobre nuestro reforzamiento inconsciente de esta división:

> Existe un rechazo muy extendido a informar a los niños de que el origen de casi todos los males de la vida radica en nuestra naturaleza: la propensión del ser humano a actuar de manera agresiva, asocial y egoísta como producto de la ira y la angustia. En cambio, queremos que nuestros hijos crean que, por naturaleza, todos los hombres son buenos. Sin embargo, los pequeños saben que ellos no siempre son buenos y con frecuencia, cuando lo son, preferirían no serlo. Esto contradice la afirmación de los padres, y por lo tanto el niño se convierte en un monstruo a sus propios ojos.[30]

A esta edad, por consiguiente, las discusiones comportan una gran carga emocional. Muchas veces no giran en torno al tema que se trata, sino que parecen poner en cuestión toda la identidad del niño. Es necesario tenerlo presente cuando se entra en el debate. Cuando le contradices, ¿lo interpreta como una discrepancia en un punto concreto o como un juicio sobre su persona? De forma similar, cuando su comportamiento te irrita, ¿lo consideras una excepción, o te suscita angustia acerca de la clase de persona que es?

CONFLICTOS

Los conflictos se originan sobre todo durante las comidas, a la hora de acostarse, por la cantidad de tiempo destinado a la tele, por hacer los deberes, levantarse por las mañanas, comparaciones con hermanos y amigos. A continuación expondremos algunos ejemplos, examinaremos lo que está ocurriendo según el punto de vista de la madre y el hijo, y trataremos de encontrar formas de comprender y superar la dificultad. Todas estas interacciones tienen que ver con las relaciones: cada parte aporta su propia contribución, que obra un efecto en el otro. De forma inevitable, en algunos momentos tendremos que decir «no» al niño, y en otros la negativa se dirigirá a nosotros.

RIVALIDAD ENTRE HERMANOS

Cuando se inicia la escuela, el niño ya no pasa la mayor parte del tiempo en casa, en un mundo definido sobre todo por la familia, sino que ha de integrarse en un grupo mayor. ¿Cómo encuentra su lugar? ¿Se abre camino a empujones? ¿Comete travesuras que divierten y atraen a los demás? ¿Actúa como un bravucón para disimular su miedo? ¿Es el pequeño de la casa y por eso cree que ha de luchar para hacerse un sitio en la escuela? ¿Se sienta en las últimas filas y mira a los demás, en lugar de participar de una forma activa? ¿Le cuesta seguir el ritmo de la clase y queda un poco rezagado? Hay tantas reacciones como niños en el aula. El papel de los padres es crucial a la hora de ayudarles a superar esta transición.

A veces los conflictos de la escuela reflejan lo que sucede en casa. En el colegio, los niños repiten las batallas que sostienen con sus hermanos. También puede ocurrir que el hogar sea el terreno adonde se trasladan y superan los conflictos escolares. La relación de un niño con sus hermanos y hermanas puede llegar a ser muy intensa, y la rivalidad todavía más pronunciada. En el capítulo 2 comentamos que a los pequeños que empiezan a andar les cuesta acostumbrarse a un nuevo bebé o encontrar su lugar en una familia con hermanos mayores. Esta dificultad se repite en cada grupo de edad. En la escuela primaria, la cuestión de hacerse un lugar en el grupo suscita sentimientos de inseguridad, que pueden llevarse a casa. Tal vez se formulen acusaciones de favoritismo, quejas acerca de que uno de los padres prefiere al hermano mayor o al menor. Cuando te enfrentes a estas recriminaciones, es menester recordar que el niño se está integrando en otra parte y quizá te pida una confirmación de que tiene un lugar seguro contigo.

George, de ocho años, es el mediano de tres hermanos. Su madre dedica mucho tiempo a la menor, de tres, mientras que el mayor, que tiene trece, sale con los amigos los fines de semana. George se siente muy abandonado y se enzarza en violentas batallas con su madre. Le dice que es injusto que no juegue con él y que tampoco le deje salir. Se siente insatisfecho y a menudo pega a su hermanita o importuna a su hermano mayor.

George considera que sus hermanos gozan de privilegios especiales que le están vedados. Es una época difícil para él: es demasiado mayor para necesitar que su madre le dedique tanto tiempo como a su hermana menor, y demasiado pequeño para salir con sus amigos. Su madre ha de encontrar límites apropiados para él. Necesita algunos privilegios de los que goza su hermanita, y otros de los concedidos a su hermano mayor. Además, ha de aceptar restricciones específicas para él.

Muchos padres consideran justo que todo el mundo tenga lo mismo. Sin embargo, no cabe duda de que no siempre es posible o conveniente. La madre carga con la difícil tarea de descubrir qué es justo para cada niño. Sortear los deseos y dificultades de todos, incluidos los nuestros, y a veces dejar a todo el mundo insatisfecho forma parte de la vida cotidiana.

Es útil que el niño se sienta libre de expresar sus quejas y hacerse oír, lo que no significa que vaya a obtener automáticamente lo que pide. Por otra parte, es negativo que haga daño o abuse de sus hermanos. La madre que impide a su hijo convertirse en un matón, o llevar la voz cantante en todas las situaciones, le ayuda a mantener su ira dentro de unos límites. El chiquillo al que se permite ser destructivo desarrolla una gran inseguridad, como vimos en el capítulo 2. Se sentirá fatal por ser malo, y temeroso de que nadie le proteja en caso necesario.

Esto puede aplicarse a formas más encubiertas de dominar situaciones. Es posible que un niño mayor infantilice en exceso a su hermana pequeña, la trate como a una muñeca. Esta actitud paternalista tal vez sea una manera de mantener a raya su agresividad. También puede ser un intento de distanciarse de sus sentimientos más infantiles, a base de exagerar y caricaturizar el papel del adulto. Esta clase de comportamiento, en mayor o menor grado, es habitual. Sin embargo, si domina la vida del hijo menor, si la madre es incapaz de intervenir, no hará ningún bien al niño. Impide que el pequeño encuentre sus propias alas, y permite al mayor convertirse en un tirano.

Otra dinámica común es que el niño se obsesione por lo que tienen los demás.

Enviaron a mi consulta a Greg, de nueve años, porque alborotaba en clase, no paraba de meterse en líos, molestaba a sus compañeros e interfería en su trabajo. Durante las sesiones su curiosidad por saber a quiénes más visitaba era tal que apenas podía pensar en otra cosa. Examinaba hasta el último centímetro cuadrado del despacho en busca de rastros de los demás niños. Dispuso elaboradas trampas, con cordeles y plastilina, para comprobar si acudía alguien entre sus sesiones y pillarlo. Me acosaba para obtener información sobre mis demás pacientes. Su obsesión le condujo a entretenerse con juegos muy repetitivos y a una incapacidad de cambiar. Pasaba el tiempo fascinado por lo que, en su imaginación, hacían o tenían los demás, lo que dejaba poco espacio para meditar sobre otros aspectos de su mundo. Durante mucho tiempo trajo umbelas llenas de semillas, que abría y examinaba. Era como si pensara que yo era así, rebosante de semillas, otros bebés, que me llenaban y no le dejaban sitio. Como dedicaba toda la sesión a su preocupación por los demás, colmaba nuestro espacio conjunto con los otros. Era difícil conseguir que se sintiera único. Cuando preguntó qué hacían en la consulta los demás niños, costó mucho tiempo hacerle pensar en lo que a él le gustaría hacer.

Tales niños, que no se sienten seguros de poseer un lugar sólido en tu mente, convencidos de que siempre estás preocupada por otra persona, tienen el impulso de competir con los demás chiquillos o deshacerse de ellos. Esta actitud provoca problemas en la escuela, como en el caso de Greg, que atacaba a sus compañeros. Un niño como Greg interpreta un «no» como un rechazo a su persona en favor de otra. Para él era importante que le demostrara afecto e interés, y los expresara con claridad. Tuve que verbalizarlo: «No; no te diré quién más viene, pero me interesa saber qué crees que hacen o, mejor todavía, me interesa saber qué te gustaría hacer.» También era fundamental que mostrara comprensión por lo mal que se sentía al no saberlo, sin quebrantar mis límites respecto a los demás niños. Al no hablarle de ellos, al no revelarle quiénes eran o cuáles eran sus problemas, le comunicaba la idea de que su espacio conmigo también estaba protegido. Expliqué que no le permitiría irrumpir en el espacio de los otros, ni aunque me sometiera a una presión inmensa, pero esto también significaba que los demás no podrían violar el suyo. A la larga mi actitud le transmitió el concepto de un tiempo dedicado a él en exclusiva.

En casos como el de Greg, no es la curiosidad lo que alimenta sus preguntas, una búsqueda de conocimiento que hay que alentar, sino una brusca y entrometida indagación para recabar datos que podría utilizar contra los demás. Esta clase de preguntas también aparecen en las familias, y hemos de aprender a preservar la privacidad de cada miembro. No todo el mundo ha de intervenir en todas las conversaciones. Aprender a tolerar esto constituye un gran logro, y veremos en el capítulo 4 cuán difícil resulta en la adolescencia.

Imponer en el seno de la familia que el trato mutuo sea respetuoso, que no se debe ser desagradable o rudo por costumbre, ofrece al niño los medios para enfrentarse en la escuela a sentimientos y comportamientos difíciles. Al decir «no; no puedes portarte conmigo (o con tu hermana o tu hermano) así», le animamos a buscar otras formas de superar la frustración o el disgusto. De este modo aumenta su vocabulario emocional y se les ayuda a encontrar estrategias apropiadas cuando se enfrentan a la provocación de algún compañero. En el capítulo 2 vimos que mantener la dignidad en todo momento, no permitir que abusen de ti como madre, fija un ejemplo. Demuestra que te consideras lo bastante buena para no ser tratada mal, lo que ayuda al niño a hacer lo mismo. Si en la escuela se burlan de él, le hacen el vacío o molestan, siempre contará con un modelo para evitar ser una víctima. Todos hemos visto que algunas personas, niños y adultos por igual, sí parecen invitar a la rechifla, siempre se les adjudica el papel de víctima. Durante estos primeros años los niños han de desarrollar una fuerte convicción de que merecen algo mejor y de que nadie abusará de ellos. Esto no se consigue convirtiéndose en el más fuerte, en el matón, sino con la seguridad de que eres una persona válida.

UN SENTIDO DEL TIEMPO

Cuando los niños empiezan la escuela primaria, el tiempo adquiere mayor significado para ellos. Los bebés y menores de cinco años lo viven unido de forma inseparable a su experiencia. A un pequeño hambriento que espera la comida cinco minutos pueden antojársele una eternidad. Un niño de tres años que pasa una tarde jugando con un amigo cogerá un berrinche a la hora de volver a casa, porque para él es como si acabara de llegar. En la escuela, sin embargo, el día está organizado en segmentos razonables de tiempo: lecciones, recreo, comida. Alguna asignatura puede parecer mucho más larga que la anterior, pero el niño sabe que, en realidad, ha durado lo mismo. Además se habitúan a la idea de que hay que atenerse a un horario. Ir a clase, cenar, acostarse y muchas otras actividades se enmarcan en una estructura específica.

Como padres, empezamos a esperar y exigir que nuestro hijo se adapte a las demandas en un período de tiempo limitado. Sin embargo, los niños, sobre todo a esta edad, parecen poseer un sentido selectivo del tiempo. Cuando quieren algo, la palabra clave es «ahora»; cuando les pides que hagan algo, será «después», lo que suele significar nunca. He aquí otro reflejo de la posición ambigua en que se encuentra el niño: no es un bebé, pero todavía no puede valerse por sí mismo. Está adquiriendo mayor autocontrol, pero la espera le resulta dura. Los deseos poseen una inmediatez apremiante. Cuando decimos «espera» en esta fase (decir «no» a una respuesta inmediata), le pedimos que reprima sus deseos o encuentre formas de satisfacerse por sí mismo. Es importante que no espere hasta el punto de que el deseo desaparezca, ya que amortiguaría su gusto por la vida, pero ha de aprender a construir un espacio intermedio. Con frecuencia la espera provoca irritación, sentimiento de pérdida, ira, desesperación. Estos sentimientos difíciles forman parte del repertorio emocional humano, y familiarizarse con ellos no es malo. Nos hace más completos.

Esperar es una experiencia interesante de observar, impregnada de ambivalencia. Esperas porque deseas algo. En la espera, no obstante, el objeto deseado puede tornarse malo. Por ejemplo, no hace mucho mi hija Holly quería que la mimase un poco antes de ir a la cama. Yo estaba enfrascada en una tarea que no podía dejar. Veinte minutos más tarde vino a mí hecha una furia y me tendió una nota que rezaba: «Son las nueve. ¡Te odio!» En el tiempo transcurrido yo había dejado de ser la mamá querida para transformarme en un monstruo malvado. Nos reconciliamos sin problemas y nos mimamos mutuamente.

Una serie de experiencias sencillas como ésta puede determinar la necesaria distancia entre madre e hijo que les permite llevar vidas separadas. Desde un punto de vista más filosófico, estos momentos también nos enseñan algo sobre nosotros, cómo apechugar con la espera, la ausencia, las lagunas. ¿Aguardamos a la persona bondadosa añorada, o la convertimos en alguien malo? ¿Cómo representamos en nuestra mente a alguien que nos causa dolor? ¿Podremos recobrarnos cuando regrese? Estas cuestiones son pertinentes durante toda la vida, y volveré a ellas en el capítulo 5, que versa sobre las parejas. En el caso de mi hija, Holly estaba en contacto con su ambivalencia. Ron Britton, un psicoanalista, escribe: «Cuando reconocemos que odiamos a la persona que amamos, sentimos que somos sinceros y que nuestras relaciones son sustanciales.»[31]

Mirado de esta forma, decir «no» no es cruel, sino una forma de indicar que somos seres diferentes. Si no eres diferente, no puedes mantener una relación. Los padres que acceden a todos los deseos de sus hijos alimentan la ilusión de que son extensiones de ellos, que sólo sus necesidades cuentan. A medida que la implicación mutua aumenta, aprendemos a reconocer nuestras diferencias como personas: lo que a mí me gusta no tiene por qué gustarte a ti. Conforme se desarrolla la capacidad de tolerancia del bebé, aumentan también su conciencia de los demás y sus sentimientos. Serán habilidades importantes en la escuela y en la vida. Muchos adultos no han asimilado que la forma de enfocar las diferencias no consiste en intentar transformar a la otra persona a tu imagen y semejanza, lo que se refleja en muchos problemas matrimoniales. Los cimientos necesarios para huir del egoísmo se colocan en la infancia.

Teniendo en cuenta que todos experimentamos el tiempo de una manera distinta, ¿cómo reconciliamos estas variaciones? Tu hijo te ha pedido que juegues con él, y lleváis media hora sentados ante la Nintendo. Entonces, decides que quieres hacer otra cosa. El niño se enfada contigo y dice que nunca juegas con él. Replicas que acabas de hacerlo. «Esto no cuenta, acabábamos de empezar», afirma él. Los dos puntos de vista son emocionales. Pides a tu hijo que recoja la ropa y la guarde, y él dice que lo hará más tarde. Al llegar la noche, sigue en el suelo. Su intención es obedecer, pero su «después» no significa lo mismo que el tuyo. Hay que negociar.

Todos estos desajustes, componentes de la vida cotidiana, nos ayudan a aprender a vivir con los demás. Estamos hablando no sólo de comportamiento, sino de comprensión emocional, el descubrimiento de que su experiencia y la nuestra no coinciden.

EXPECTATIVAS

Intentamos comprender a los demás poniéndonos en su lugar. Es una manera útil de imaginar lo que sienten, desean y comunican. Sin embargo, a veces somos muy diferentes de los demás. Nuestros propios hijos nos inspiran la pregunta: «¿Cómo pueden ser tan diferentes de mí?» Es importante observarlos y comprender lo que nos dicen, en lugar de lo que nos gustaría oír o interpretar.

La principal preocupación de la señora W era que su hija no se convirtiera en una teleadicta. Para ella, ver la televisión era una actividad que no requería ningún esfuerzo intelectual y le permitía relajarse al final de un día duro, cuando se sentaba y veía cualquier cosa durante horas. Por lo tanto, se mostraba muy reacia a dejar que su hija la viera, pues estaba segura de que Zoe se quedaría pegada a la pantalla sin hacer nada más. No le permitía ver la tele durante la semana, lo que provocaba muchas disputas. La señora W no daba su brazo a torcer. Su hermana, que mantenía una actitud muy diferente y con la cual Zoe pasaba mucho tiempo, sobre todo en vacaciones, le dijo que, cuando ésta iba a su casa, se entretenía viendo un programa durante media hora y después jugaba el resto de la tarde con sus primos. Convenció a la señora W de que permitiera a su hija ver un poco la tele, cosa que hizo. Tal como su tía había predicho, Zoe pasaba poco rato delante del televisor y después se dedicaba a otras actividades con gran entusiasmo.

La señora W suponía que Zoe sería como ella. Si bien conviene mantenerse firmes cuando decimos «no», también es fundamental darnos cuenta de cuándo un «no» carece de utilidad o resulta innecesario. Da la impresión de que la señora W trataba de hacer frente a su incapacidad de decirse «no» cuando veía durante demasiado tiempo la televisión y traspasaba el problema a Zoe. En realidad, Zoe era muy capaz de limitarse.

Billy también es muy diferente de sus padres, ambos profesionales muy organizados y eficientes.

Billy, de siete años, siempre sale tarde de casa por las mañanas por culpa del zapato que no sabe dónde ha dejado, o bien ha de volver sobre sus pasos para buscar algo que ha olvidado. A sus padres les cuesta aceptar que sea tan distinto de ellos. Se irritan con él, pero no adoptan las medidas necesarias para solucionar el problema. Por las noches, le consienten que juegue hasta la hora de acostarse, por lo que después está demasiado cansado para ordenar sus cosas o preparar las de la escuela.

Los padres de Billy no asumen que su hijo tiene un ritmo diferente y suponen que por la mañana se comportará con tanta diligencia como ellos. Aunque día tras día ocurre lo mismo, cada mañana se sorprenden. No puedo creerlo, se dicen, ha vuelto a hacerlo. ¿Cómo puede ser mi hijo tan desorganizado?, se preguntan. No acaban de aceptar que Billy es diferente de ellos y le cuesta organizarse. Tarda más tiempo, necesita que le vayan detrás y ha de hacer las cosas con bastante antelación.

Nos encontramos con frecuencia en circunstancias similares, nos sorprenden acontecimientos que ocurren de forma regular. Deberíamos preguntarnos por qué no aprendemos de la experiencia y repetimos pautas estériles. Los padres de Billy parten de la premisa de que el niño es igual que ellos, por lo que se muestran incapaces de decirle «no» por las noches, cuando desea dedicarse a otras actividades en lugar de ordenar las cosas para el día siguiente. Tendrían que ser conscientes de este problema y procurar que preparara el material de la escuela con antelación, aunque ello desencadene un conflicto. Las discusiones serían preferibles a la frustración y el caos diarios en que todos acaban sumidos.

Muy a menudo las expectativas que alimentamos sobre nuestros hijos determinan la postura que adoptamos, dónde creemos que hace falta fijar unos límites. Los problemas surgen cuando nuestras expectativas chocan con la conducta o la actitud de nuestros hijos. Queremos decir «no» a sus costumbres e imponer las nuestras. ¿A quién aspira a parecerse el niño? ¿Quién le animamos a ser? ¿Qué parámetros utilizamos para medir el éxito? Invertimos mucho en los logros de nuestros hijos, en especial de los adolescentes, pero ya en la escuela primaria, cuando los niños empiezan a aprender, se dan notas, se asignan tareas o deberes y se fijan plazos, los espectros del fracaso y el éxito asoman la cabeza. ¿Queremos que sean perfectos, o simplemente pasables? ¿Deseamos que destaque sobre los demás, o que haga lo que esté dentro de sus posibilidades?

Después de la escuela, es habitual que una madre exasperada, incapaz de comprender por qué algo tan sencillo no le entra en la cabeza, ayude al niño a solucionar un problema de matemáticas. Se irrita, como si su hijo se negara a aprender, se mostrara tozudo o provocador. El niño se disgusta y deja de escuchar. La frustración toma las riendas, y se inicia un ciclo de malestar. La escena puede reiterarse y atrapar tanto a la madre como al hijo. Ella piensa: Ojalá me escuchara, y el niño supone que está disgustada y que él es estúpido. Protesta y desea que su madre le deje en paz.

Nuestras expectativas pueden interferir en el ritmo y método más útiles para nuestros hijos. Nos sentimos incompetentes cuando no entienden ni progresan. Nos preocupa su futuro. Nos sentimos rechazados cuando desoyen nuestro consejo. El problema se desplaza de los deberes de matemáticas a la relación entre madre e hijo. La familia de una amiga mía se burla de ella cuando exclama desesperada: «La gente paga miles de libras por mi consejo. Tú lo recibes gratis y nunca lo quieres.» Es en momentos como éste cuando la madre ha de poner una distancia entre ella y su hijo, decir «no» a que su frustración la arrastre a un conflicto. Está en mejor posición que el niño para ceñirse a la tarea inmediata, sin permitir que su mente la lleve a cuestionarse como madre y a él como hijo. Si lo consigue, será más capaz de ser útil y dejará de acosarle.

En ciertos casos, tal vez el niño esté preocupado por sus aptitudes y lo que se le pide, que quizá excede a sus posibilidades. Esto afecta a su capacidad de asimilar las cosas. A continuación, transcribo un breve extracto de una escena escolar que gira en torno a Alex, de once años, observado por su profesora de apoyo:

Los niños entran en el aula y se sientan en silencio. Alex está jugando con unas monedas. Deambula y no escucha. La maestra le pide que se siente. Obedece y está atento un rato mientras la profesora explica las tareas. El niño inquiere si hay que tomar apuntes. La pregunta irrita a la maestra: «Alex, hace tres meses que hacemos esto y aún no lo sabes. No tengo tiempo para contestar a preguntas tontas.» Alex empieza a mover las manos, juega con las monedas, se las pasa de una mano a otra. Parpadea y vuelve la cabeza cuando intento hablar con él.

Alex está angustiado y nervioso. Se remueve, quiere participar, pero lo hace de una forma inadecuada, formulando una pregunta cuya respuesta ya debería saber, y así irrita a la profesora. Considera su empeño desalentador y se distrae con facilidad. Su preocupación por no ser capaz de hacer el trabajo conduce a una falta de concentración, no escucha y, por lo tanto, empieza la tarea con una desventaja que después cuesta superar. Su temor al fracaso le impide aprender.

El siguiente ejemplo muestra lo que les sucede a los niños que no están a la altura de lo que se espera de ellos. Muestra las defensas a las que recurren y la naturaleza de sus fantasías. Lee, de nueve años, va a una escuela normal, pero también recibe ayuda de una profesora de apoyo. Le cuesta dominar los rudimentos de la escritura y la aritmética. Le regañan sin cesar.

Lee entra en el aula muy agitado, saluda a todo el mundo en voz alta, empuja y da patadas a sus compañeros en broma. Intentan hacerle caso omiso. La profesora explica la tarea que deben realizar: han de escribir una carta a los propietarios de un lugar imaginario llamado Fantasy Land, que desean visitar. Tienen que explicar por qué quieren que les inviten. Lee se ríe y señala a los demás alumnos. La maestra le pide que ponga manos a la obra, y la profesora de apoyo, Tanya, se sienta con él. No tiene mucho espacio. El niño le dice, de una manera bastante provocadora: «¡Lo siento, no hay sitio para ti!» Ella se irrita y afirma: «Bueno, lo siento por ti.» «¿Qué has dicho, Tanya? —replica él—. ¿Que lo sientes por mí?» La profesora explica que, si no le hace sitio, no podrá ayudarle. Entonces el niño mueve con brusquedad su silla para dejarle espacio y golpea a Khalid, que se sienta a su lado. Khalid le pregunta:

«¿Qué haces?», y Lee contesta: «No he sido yo, ha sido Tanya.» La profesora dice que es hora de concentrarse. Lee ladea la silla y susurra algo en el oído del vecino. Los dos ríen. Tanya repite que es hora de trabajar. Le pregunta qué diría a los propietarios de Fantasy Land, y él responde: «No lo sé», al tiempo que gira la silla con más rudeza. Mira con angustia a sus compañeros, que están escribiendo. Tanya pregunta: «¿Pensamos en lo que podrías decir sobre Fantasy Land?» El chiquillo contesta que ese lugar no existe. «Hagamos como que sí existe —propone Tanya—, y utilicemos nuestra imaginación.» «Pero ese lugar no existe», insiste Lee. Tanya dice que pueden probar a inventarlo. Lee mira lo que ha escrito Khalid y le murmura algo. Khalid se enfada mucho, e informa a Tanya de que Lee ha dicho que vio salir a su madre de la tienda de Oxfam con una bolsa llena de ropa. Khalid protesta: «¡No es verdad!» Lee ríe y dice: «Al menos yo no compro mi ropa en Oxfam.» Discuten, y Tanya indica a Lee que deje de molestar a Khalid. A continuación intenta que se reincorpore a la tarea y empieza a escribir para animarle. El niño queda sorprendido de la rapidez con que termina un párrafo. Comenta a un compañero: «Mira, Tanya está escribiendo con sangre. Ya sabes que la mejor manera de escribir es cortarte las venas y escribir páginas y páginas con la sangre que sale.»

Este extracto no sólo demuestra lo pesado que puede ser Lee, sino también lo mal que lo pasa en la escuela, lo doloroso que resulta para él. Entra como un matón, pero se le bajan los humos en cuanto Tanya comenta: «Lo siento por ti.» Vemos que su actitud provocó una respuesta cortante de Tanya, que enseguida rectificó y le dijo algo más amable. Esto demuestra cuán difícil resulta mostrarse considerado con niños que no dejan de poner a prueba los límites. Lee se tomó el comentario como una humillación y pegó a un compañero al instante. Muchos chicos como Lee parecen elegir el objeto de su furia al azar, sin motivo aparente. Khalid estaba perplejo por su conducta y le preguntó qué estaba haciendo. No entendía por qué le había golpeado, sin la menor provocación por su parte. No obstante, la conducta de Lee tenía un significado: estaba relacionada con su ira hacia Tanya, no con Khalid. Estaba enfadado y pegó al primer objetivo disponible. Se sentía herido y quería herir a alguien. Además culpó a Tanya, como muchos niños pequeños cuando se lastiman y dicen: «¡Mira lo que me has hecho!»

Cuando ha de hacer los deberes, Lee no sabe por dónde empezar, utiliza tácticas dilatorias, intenta cambiar de tema y distraer a los demás alumnos. En cuanto ve que todos están trabajando, se siente aislado. Cuando Tanya le pide que imagine Fantasy Land, es incapaz de hacerlo. Le resulta imposible pensar en cosas invisibles e inconcretas, no puede dejar que su mente explore y cree. Es como los bebés que hemos visto antes, siempre activos e incapaces de dar rienda suelta a su imaginación. Cuando mira lo que ha escrito Khalid, se siente inútil y envidioso. En consecuencia, empieza a molestarle. Es como si le costara asimilar su enojo y ha de conseguir que otro se sienta mal. Elige a Khalid y le impide seguir trabajando. Su comentario sobre la madre de Khalid no sólo pretende herirle, sino que además es una expresión de la voz cruel y burlona que lleva en su interior. No puede trabajar solo, con ideas propias, y ha de apoderarse de pensamientos de otros niños y profesores.

Después de asistir a las burlas crueles de Lee, es fácil interpretar su actitud. Se cree estúpido y quiere que los demás se sientan tan mal como él. Las duras y radicales mofas acerca de sus insuficiencias surgen de su interior, y en ocasiones de los profesores. Para protegerse y ahuyentar su incompetencia procura no implicarse con la profesora de apoyo, o con cualquiera que le recuerde que no sabe o no puede hacer una tarea. Cuando ve la facilidad con que escribe Tanya, sus fantasías adquieren tintes morbosos. Comprendemos que escribir es una pesadilla para él, que has de sufrir, incluso morir, con el fin de lograrlo.

Para tales niños, recibir un «no» es desolador. Es como un eco de la desagradable voz que llevan consigo a todas partes. Antes de que puedan empezar a aprender, el primer paso consiste en reforzar su autoestima. Lee es como una versión mayor de Paul, al que describí en el capítulo 2. No soporta la certeza de ser vulnerable, que aguanta hiriendo a los demás y aislándose. Actúa como un chiquillo descarado y seguro de sí, lo que invita a los demás a reaccionar con dureza, irritarse y fijar límites. Reflejan su mundo interior, el desdeñoso niño mimado que mora dentro de él. Con chicos como Lee el desafío de los adultos radica en fijar límites esperanzadores, más que punitivos. Es preciso que empiece a creer que, aunque ahora se le resisten algunas cosas, existe la esperanza de que algún día conseguirá dominarlas, de que ser incapaz de escribir no constituye un fracaso, algo humillante por lo que puede ser ridiculizado. También es importante comunicarle que, si bien entiendes cómo se siente, no permitirás que haga daño a los demás. Esto le proporcionará la esperanza de que tal vez te enfrentarás a la parte de él que se burla de sus propias deficiencias. Un niño como Lee no solucionará sus problemas sin una ayuda especial, tanto emocional como educativa.

El siguiente ejemplo, de un entorno similar, demuestra que fomentar la confianza facilita el aprendizaje. La forma de fijar los límites no menoscaba al niño. Prithi, de diez años, recibe ayuda especial en la escuela. Tiene muchas dificultades para leer, escribir y realizar deberes sencillos. Pretende que la maestra haga el trabajo por ella. Su profesora de apoyo, Liz, escribe:

> Explico a Prithi que hemos de leer un cuento sobre dragones, y luego contestar a algunas preguntas sobre él. Leo el texto, pero ella no se concentra, está distraída, juega con el lápiz, se remueve en la silla y trata de distraerme. Comento que parece preocupada por todos los datos que debemos saber sobre los dragones con el fin de contestar a las preguntas. Prithi dice: «Liz, creo que el problema es la comprensión. O sea, los demás niños hacen las tareas con mucha rapidez si no tienen problemas de aprendizaje. Si eres inteligente, no hay ningún problema, ¿entiendes?» Le explico que, en mi opinión, está preocupada porque se cree menos inteligente que los demás. «Me parece que tu dificultad no tiene nada que ver con la inteligencia —añado—, porque eres una niña inteligente. No es que no comprendas lo que digo sobre dragones. Si te leo que en China los dragones son buenos, amables y traen buena suerte, mientras que en Inglaterra son feos y custodian tesoros, ¿lo entiendes?» Prithi asiente. «¿Lo ves? —continúo—. No es que no entiendas. He observado que a veces te cuesta concentrarte en lo que estamos haciendo.» Prithi se calma y me

pide que prosiga. Al final pregunta si puede leerme el cuento de los dragones.

Prithi considera que no está a la altura de la tarea y se compara de manera desfavorable con sus compañeros. Sabemos por otros informes que es propensa a darse por vencida con facilidad y por lo general pide a su maestra que termine el trabajo. No obstante, en este caso, cuando Liz habla de lo que Prithi siente y le proporciona esperanzas de que conseguirá comprender y participar, la niña toma la iniciativa.

He expuesto tres ejemplos de niños con dificultades de aprendizaje para ilustrar, con casos extremos, lo que ocurre cuando las expectativas no coinciden con las posibilidades del pequeño. Los ejemplos también muestran diferentes maneras de enfrentarse a estas situaciones. Ante chicos que presenten dificultades menos graves deberíamos preguntarnos si lo que les pedimos está a la altura de sus capacidades. En nuestra relación con ellos debemos ser concretos, no globales, para que se sientan más ayudados que juzgados con una dificultad en particular. Debemos ser conscientes de las inseguridades que afrontan cuando carecen de respuestas. También a los adultos nos cuesta esforzarnos por comprender algo que nos resulta difícil, o anclarnos en una posición de no saber.

Muchos conflictos y discusiones surgen del desajuste de expectativas. Nos enfadamos con los niños porque creemos que no se esfuerzan lo suficiente. El problema real (la tarea encargada) se pierde de vista, y es sustituido por un problema en la relación, tanto si se trata de un padre o de un profesor. Si logramos mantener la firmeza, decir «no» al chico cuando intenta distraernos y meterle en vereda, lo más probable es que no nos desviemos del problema principal. Asimismo explicaremos con mayor claridad lo que interfiere en su aprendizaje, como hizo Liz con Prithi, y evitaremos que el niño se suma en su angustia. Muchos chavales se distraen con facilidad. Necesitan que una mano firme los retenga. También debemos decir «no» a nuestras ambiciones y adaptarnos a su ritmo.

Por lo general los padres ignoramos lo que se espera de

nuestros hijos en la escuela primaria, a menos que nuestra relación con ellos sea de carácter profesional. Lo que se les exige hoy no es lo mismo que lo que se esperaba de nosotros cuando íbamos al colegio. A menudo nos sorprende que la reacción de un profesor no se corresponda con nuestra evaluación de la capacidad de un niño. En los últimos años de primaria, sobre todo, podemos comparar lo que hacen los chicos con cómo lo haríamos nosotros ahora. Un proyecto tal vez nos parezca inconsistente, o un experimento científico, mal presentado. Muchas madres han de reprimir el impulso de intervenir, de ofrecer un plan de trabajo o de investigar en lugar de su hijo. En nuestro deseo de ser la «buena» madre que echa una mano con los deberes, interferimos en el ritmo y la capacidad del niño de aprender por sí mismo. Ha de hacerlo solo, si queremos que se desarrolle al máximo. En estas circunstancias hemos de aprender a decir «no» a nuestro deseo de intervenir. No se trata de que los abandonemos a las dificultades, sino de responder a su necesidad de nosotros, no a nuestra necesidad de sentirnos bien o hacernos cargo de la situación.

Algunos niños no quieren trabajar, pretenden que tú lo hagas todo. Como Prithi, tal vez crean que son incapaces de hacerlo, o quizá sólo deseen que les tratemos como a bebés. Tal vez actúan como seres desvalidos y necesitados de ayuda porque creen que es una forma de retenerte. Acaso utilicen maniobras de distracción para impedir que digas «no» a su deseo de ser tratados como bebés en todo momento. Deberás encontrar el modo de aceptar la expresión de sus necesidades infantiles y hacer lo posible para que se sientan mejor, al tiempo que esperas verlos evolucionar en otros momentos. Tal vez hayan «crecido» lo bastante en la escuela y quieran hacer una regresión al volver a casa. Sin embargo, si desean comportarse siempre como bebés, no les harás ningún favor si les sigues la corriente. Les darás la razón en que tener su edad no es tan bonito como ser más pequeño.

De un modo similar, con frecuencia vemos a niños que no son tratados como bebés, sino más bien como seres especiales, príncipes y princesas. A menudo tanto ellos como sus padres esperan que todo el mundo actúe del mismo modo.

Carla, de ocho años, es hija única. Es menuda, bastante bonita y aparenta menos edad de la que tiene. Es una niña brillante, que realiza muchas actividades extracurriculares: ballet, tenis, clases de violín. Su madre está con frecuencia en la escuela, se suma a las excursiones, ayuda siempre que se pide colaboración a los padres. Carla habla como una miniadulta, critica a sus compañeros por ser revoltosos o a una profesora por llegar tarde. Siempre está dispuesta a decir a todo el mundo lo bien que le ha salido un examen y se esfuerza por portarse bien. Si se enzarza en una discusión con otra niña, enseguida acude a la profesora o, si se encuentra en la escuela, a su madre, que interviene en su nombre y reprende a la otra chiquilla. Carla es muy agradable y educada con las maestras, con quienes se lleva bien, pero es muy impopular entre sus compañeras.

De esta descripción se deduce que las circunstancias no son favorables para Carla. Las profesoras, que la consideran madura para su edad (conversa con los adultos y se muestra más serena que muchas de sus compañeras), no se dan cuenta. Posee todo cuanto pudiera desear, pero está sujeta a pocos límites. Su actitud irrita a sus compañeras, y siempre quiere destacar. Ha de ser el centro de todo, es incapaz de integrarse en el grupo. Su idea de que debería ser tan especial para todo el mundo como lo es para sus padres se revelará, a la larga, como un impedimento. De hecho, sigue siendo inmadura. Al desear darle lo mejor, sus padres la están despojando de la experiencia esencial de ser normal, una niña más.

Con ciertos niños es importante albergar grandes esperanzas acerca de su capacidad de aprender y triunfar. Una investigación llevada a cabo con el fin de estudiar esta cuestión dividió a chicos de similares capacidades en tres grupos, seleccionados al azar, y los asignó a tres profesoras diferentes. Se indicó a éstas que un grupo era muy brillante, otro normal y el tercero inferior a lo normal. La investigación demostró que los logros de los pequeños coincidían con las expectativas. Se trata de una información crucial a la hora de tratar con niños etiquetados de problemáticos, por un motivo u otro. Es cierto que algunos están más capacitados que otros, que necesitan de más ayuda. Es importante tenerlo en cuenta en lugar de trabajar a partir de suposiciones o prejuicios. En la actualidad, por ejemplo, un número excesivo de niños pertenecientes a minorías étnicas, sobre todo chicos, se ven perjudicados porque sus profesores tienen bajas expectativas respecto a ellos. De forma similar, el hecho de que un niño viva en un hogar donde se habla un idioma extranjero se considera, en Gran Bretaña, una desventaja. Tal circunstancia podría verse como una gran ventaja. En la India, por ejemplo, muchos niños hablan con facilidad dos o tres idiomas. Elevadas expectativas, cuando no se imponen como una tiranía, llenan al niño de esperanza y aliento.

Algunos niños muestran un gran interés por aprender, y sus expectativas superan a las nuestras. Así lo ejemplifica la maravillosa historia de Matilda, escrita por Roald Dahl, la niña tan dotada, y para la cual los libros, el aprendizaje y los profesores constituyen una bendición. Sus padres son caricaturas de la codicia y la estrechez de miras. La historia puede aplicarse a la mayoría de nosotros, de una manera indirecta. Si los intereses de los chicos difieren de los de su familia, tal vez no sean valorados. Por ejemplo, quizá unos padres aficionados a la literatura no sean capaces de fomentar la pasión de su hijo por las ciencias. Sin embargo, deberían reconocer que el talento de éste reside en otra parte y resistirse a valorar sus propias aptitudes muy por encima de las del niño. En ocasiones un chico alberga una verdadera pasión y talento por algo completamente al margen del marco de referencias de la familia. Los padres tendrán que superar su sensación de desconocimiento e incertidumbre, y permitir que el niño explore solo ese territorio desconocido. Además, muchos niños aprenderán muchas más cosas que sus padres aprendieron en el colegio, uno de los motivos por los que la educación se considera una forma muy valiosa de mejorar nuestras circunstancias. En tales casos, la familia tal vez no pueda ayudar al pequeño en la sustancia real del trabajo, pero desempeñará un papel crucial al alentarle en el proceso de aprendizaje.

CRECIENTE INDEPENDENCIA

Hemos de ser flexibles y cambiar nuestras expectativas con el tiempo. Es muy probable que los niños pequeños que entran como una tromba en casa, con los zapatos sucios de barro, y arrojan sus ropas al suelo reciban una reprimenda, pero en general se les trata con cierto grado de tolerancia. Las madres recogen las cosas, aunque se quejen. En cambio, un chico de diez años que se porte del mismo modo no será muy popular en casa. Las mismas expectativas se aplican al aseo, la higiene y la convicción de que un niño debería observar cierta disciplina y sentirse motivado sin ayuda externa. Una madre que siempre ha de decir a su hijo lo que debe o no debe hacer se siente como una gruñona. La posición en que se ubica es terrible, y espera que ya no sea necesario incurrir en este comportamiento cuando el chico se haga mayor. La madre ha de resistir el impulso de estar siempre encima de él.

El niño muy dependiente de su madre tiene una esfera de acción excesivamente restringida. Quizá quiera que juegue con él, o le sugiera siempre lo que ha de hacer a continuación. Tal vez se queja en cuanto le dejan abandonado a sus propios recursos. «Me aburro», exclamará. Su imaginación y creatividad se entumecerán. En el capítulo 1 vimos que la ausencia de la madre puede conducir a que los niños desarrollen sus recursos internos. Lo mismo puede decirse de los pequeños en edad de asistir a la escuela primaria: decir «no» a estar con ellos en todo momento es positivo para ellos. Nuestro objetivo consiste en no llenar siempre el vacío, pero también hemos de tolerar su desazón. Adam Phillips, un psicoterapeuta infantil, escribe: «¿No es revelador lo que el aburrimiento del niño evoca en los adultos? Interpretado como una demanda, a veces como una acusación de fracaso o decepción, raras veces se le concede credibilidad, simplemente se acepta.» Añade: «Una de las exigencias más opresivas de los adultos es que el niño debería estar interesado, en lugar de tomarse tiempo para averiguar qué le interesa.»[32]

El niño, a medida que crece, desea ampliar su libertad, aventurarse en el mundo solo, tomar sus propias decisiones sobre los amigos a los que le gusta ver. En esta edad, es fundamental concederle cierta libertad, por ejemplo, para pasear en bicicleta o jugar con los demás en la calle. Necesita saber que no sólo existen restricciones. No hay que subestimar la importancia de que esté con otros niños. Tal vez la madre tenga que tomar medidas para procurar que su hijo se encuentre con sus amigos. Esto puede implicar algunos desplazamientos, y tal vez tanto ella como los hermanos se vean obligados a renunciar a ciertas cosas. El niño se da cuenta de ello, lo que debería ayudarle a aceptar los límites que sus padres le han fijado. Quizá sea difícil para los progenitores otorgarle mayor libertad. Han de confiar en él y en su entorno. En años recientes, esto se ha demostrado difícil para los padres. Sin embargo, la alternativa es dilatar el período de dependencia y restringir las aptitudes para la vida de los niños, además de ofrecer una imagen del mundo como un lugar peligroso. Hemos de sopesar los beneficios y riesgos con cautela.

Los padres han de lograr un equilibrio entre las necesidades más infantiles del niño y sus crecientes demandas de independencia, lo que en ocasiones causa fricciones. ¿Qué haces cuando tu hijo pide un animal doméstico, te asegura que es capaz de cuidar de él, que será responsable, que le atenderá aunque no tenga ganas? ¿Aceptas, aun a sabiendas de que no estará a la altura de la tarea? ¿Impones tu opinión, o dejas que el niño descubra el precio de no asumir su responsabilidad, aunque eso signifique que el animal sufra? No son dilemas triviales. Si tomamos la iniciativa y nos hacemos cargo de todo, tal vez el niño no se dé cuenta de que su contribución ha sido insuficiente. Quizá cuando en el futuro haga una petición similar olvide lo que pasó la última vez. Si no cuidas al animal, aparte de ser cruel con él, permites a tu hijo ser destructivo y, en el peor de los casos, dejas que muera otro ser vivo, con la culpa que ello acarrea. Es posible que te veas en la embarazosa posición de tener que obligar a tu hijo a asumir la responsabilidad que aceptó en contra de tu consejo. Sin embargo, sería injusto no dejarle probar. Es muy posible que realice bien la tarea y cuidar de su mascota le proporcione alegría, además de una sensación de responsabilidad y madurez. Adquirir confianza y aprender cuáles son los límites no resulta sencillo. El punto medio consiste en enfocar el problema con optimismo y cautela a un tiempo, siendo consciente de que el chico afronta situaciones en las que puede necesitar ayuda, porque no es capaz de controlarlas solo.

Una cuestión similar se plantea cuando los niños quieren realizar ciertas actividades, como deporte, teatro, danza o tocar un instrumento.

A Frank, de nueve años, le apasiona la natación, que se le da muy bien. Convence a sus padres de que le inscriban en el club de natación local, lo que le exige asistir tres veces por semana. Está ansioso por competir, pero los entrenamientos le aburren. Su padre ha de regañarle para que acuda con regularidad, aunque no tenga ganas, lo que provoca muchas discusiones.

Tras haber alentado o aceptado el deseo del niño, muchos padres se consideran responsables de que lo lleve a la práctica. Sugiero que reflexionen sobre lo que continuar o desistir significa para el chico. ¿Le estás obligando a hacer algo que ha llegado a odiar? ¿Deberías ceder a su tendencia a darse por vencido con excesiva facilidad? Creo que habría que meditar con detenimiento en lugar de decantarse por la salida más rápida y fácil. Si dedicas tiempo a pensar, demuestras que aceptar tareas y abandonarlas es importante. Esta actitud es útil en sí misma. Conviene decir «no» al impulso de desistir cuando las cosas se ponen difíciles con el fin de desarrollar un sentido de tenacidad y optimismo. Si te rindes con facilidad, tal vez no sepas nunca que habrías podido lograrlo. La esperanza queda socavada.

En el caso de Frank, sus padres insistieron en que perseverara hasta fin de año. En ese momento, ya estaba claro que su mayor placer consistía en nadar con los amigos, y sus padres comprendieron que el club no le hacía ninguna falta.

SER DIFERENTE

Lo que esperamos de nuestro hijo, así como lo que le permitimos, vendrá determinado en parte por lo que parece apropiado para su edad. Después deberemos decidir si coincide con nuestras costumbres.

Durante los años de la escuela primaria lo que hacen los demás niños posee una importancia primordial. Tal vez observes que muchos niños coleccionan sellos, cromos de fútbol, fotos de estrellas del pop. Quieren cantar las mismas canciones, ver los mismos programas que sus compañeros y hablar de lo que ha pasado en su serie favorita. Les gusta integrarse en una cultura compartida. Esta actitud tiene que ver, en gran parte, con su deseo de sentirse a salvo en el mundo exterior, así como con su convicción de que ya no son bebés indefensos necesitados de sus madres, sino que se lo montan muy bien con sus colegas. Los chicos observan, comparan y muy a menudo quieren ser igual que los demás. Pierden un poco de su apasionamiento y encuentran consuelo en estructuras y estereotipos. Sus actividades suelen parecer aburridas a adultos y adolescentes.

Con frecuencia surgen dificultades cuando los padres no siguen la norma. ¿Cómo decir «no» a Jenny cuando te cuenta que todas sus compañeras de clase irán a dormir a casa de Alice, o que todas sus amigas de nueve años tienen permiso para ir de tiendas solas? Como siempre, has de pensar y examinar tu postura, así como por qué la adoptas. ¿El instinto te dicta decir «no» debido a tu temor a conceder libertad a Jenny? ¿Estás preocupada porque no conoces a los padres de Alice? ¿Sabes que Jenny es caprichosa cuando está cansada y te inquieta que ocasione problemas en casa de su amiga? Sólo después de haber sopesado con todo cuidado los pros y los contras conseguirás tomar una decisión acorde con las circunstancias.

La señora G tiene cuatro hijos. A la menor, Jane, de ocho años, unas amigas la han invitado a pasar un fin de semana en el campo. La señora G se resiste a dejarla ir, pues le preocupa que la niña se sienta angustiada por la noche. Tampoco le hace gracia la perspectiva de conducir durante un par de horas para recogerla si se disgusta. Sin embargo Jane insiste tanto que acaba por ceder. De hecho la niña se lo pasa muy bien y arde en deseos de repetir la experiencia, lo que sorprende a la señora G, porque siempre ha pensado en Jane como en la pequeña, que necesita el consuelo del hogar familiar. Por lo general tienen trifulcas a la hora de acostarse, y la señora G pensaba que a Jane le costaría acomodarse a la casa de sus amigas. Le alivia saber que se lo ha pasado bien, pero al mismo tiempo lamenta la pérdida de su bebé, al darse cuenta de que esa fase ha terminado.

La señora G estaba preparada para decir «no» a su deseo de conservar a Jane pegada a sus faldas, para dejarla aventurarse en el mundo exterior. La experiencia es contradictoria para ella: ha ganado una hija más autosuficiente y gregaria, y perdido al bebé que necesita a su madre para divertirse.

Lynne, de diez años, está invitada a la fiesta de cumpleaños de Naomi, durante la cual tienen previsto ver un vídeo que su madre, la señora, considera inadecuado. La señora no quiere que lo vea y se pregunta si debería prohibirle ir o hablar con los padres de Naomi para proponerles que elijan otra cinta. Lynne, por su parte, tiene miedo de que su madre diga algo, le avergonzaría demasiado. La señora es consciente de que las películas de terror dan miedo a su hija y no sabe qué hacer. Lynne desea tanto asistir a la fiesta que al final su madre cede. Durante las semanas siguientes la niña se despierta por la noche con espantosas pesadillas. La señora se arrepiente de no haberse mantenido firme y confiado en su instinto acerca de su hija.

Es muy difícil acertar, somos propensos a interpretar mal las situaciones y caer en juicios incorrectos. Por regla general nos resistimos a decir «no» a lo que suponga aislar a nuestro hijo, pero en ciertos momentos no queda otro remedio. El precio pagado en el caso expuesto no es demasiado alto, y tal vez Lynne haya aprendido que no siempre le gustará hacer lo mismo que los demás. Es útil recordar que decir «no» a lo que los demás dicen «sí» proporciona al niño un modelo de que ser diferente está bien. Le ayudará a resistir presiones de sus compañeros más adelante, tal vez a decir «no» al sexo o a las drogas cuando se considera *guay* aceptar. Le inculcas la idea de que debe plantearse: ¿es esto lo que quiero en realidad? No saber defenderse entraña demasiados riesgos.

NUESTRA RESPUESTA A LOS CONFLICTOS

Tu hijo está alejado de ti un mínimo de siete horas al día durante la semana. Cuando preguntas qué ha pasado en la escuela, es muy posible que recibas una respuesta breve, como «Poca cosa». Incluso aunque el niño hable mucho de la escuela, no es lo mismo que saberlo por ti misma. Es posible que en el pasado mantuvieras contactos con su cuidadora, ya fuera una canguro, una niñera, una *au pair*, un pariente o una maestra de su guardería. Por primera vez has de depender por completo de su relato para hacerte una idea de cómo se ha portado. Se suscita la pregunta de cómo afrontar las dificultades de que te ha informado y que no has presenciado. Tu hijo te cuenta que tal profesora le odia y le regaña en todo momento, o que Sharon siempre se burla de él. Tal vez te ruegue que intercedas por él de alguna manera, o que no intervengas en absoluto. Disgustarte tanto como él, o querer expresar los mismos impulsos, quizá no sea lo más positivo. Telefonear a la escuela y quejarse por la conducta de Sharon quizá sólo empeore la situación. Nuestra reacción ante lo que nos explican nuestros hijos les ofrece un modelo de cómo interactúa la gente y cómo hacemos frente a los conflictos. También podemos ayudarles a diferenciar entre sentir y actuar.

Sasha, de siete años, llegó a casa hecha un mar de lágrimas porque su profesora la había reñido por pelearse con una compañera. Explicó a su madre que Rebecca, la niña que se sentaba a su lado, se había burlado de ella durante toda la mañana, le había escondido los lápices y la goma. Al fin Sasha le pegó con la regla, la profesora la vio y la castigó. Sasha protestó, pero le dijeron con mucha firmeza que no debía pegar. Su madre admitió que descargar toda la culpa sobre Sasha había sido injusto. No obstante, dejó claro que pegar no estaba bien. Hablaron de qué otras formas habría podido Sasha solucionar el problema con Rebecca. La niña tenía que considerar otras opciones permisibles, medios de controlar sus sentimientos sin expresarlos de formas contundentes.

Como vimos en el capítulo 1, la cuestión de traducir una experiencia difícil o penosa también es importante. Si exageramos, transmitiremos el mensaje de que el mundo exterior es peligroso, plagado de enemigos en potencia. Muchas familias que visitamos en la clínica de Guía Infantil parten de la base de que los niños sólo están seguros con la familia y en el hogar. Consideran que las personas ajenas a este círculo no pueden proporcionarles la menor ayuda. Tal convicción constituye un verdadero problema a la hora de aceptar lo bueno de los demás, sean profesores, amigos o libros. En su forma extrema, puede conducir al rechazo escolar. Los niños preocupados por ir a clase necesitan que sus padres crean en el colegio, afirmen que ofrece cosas buenas y es un lugar seguro. Si se sienten abrumados por los sentimientos negativos de sus hijos, se muestran de acuerdo con su visión de la vida en la escuela y les niegan la esperanza de que pueda ser diferente.

Sin embargo, hacer caso omiso de la inquietud del niño también puede desencadenar problemas. Es muy posible que sea necesario frenar a Sharon, o que la profesora X tenga verdaderas dificultades con tu hijo. La idea consiste en escuchar, no sólo en decir «sí» y aceptar el informe en su totalidad.

ESCUCHAR

Tal vez descubras que conocer las experiencias de tu hijo es tan penoso que te exasperas. Te irritas con los que le han hecho daño, pero también con él por exponerte a su dolor. Quizá te revuelvas, le digas que deje de lloriquear, que se calme, que no sabe lo que es padecer. Estos comentarios pueden ser apropiados. Nuestra preocupación es saber de dónde proceden, con el fin de concedernos tiempo para pensar y actuar impulsados por una decisión, no por el disgusto.

En los capítulos 1 y 2 vimos que, cuando alguien está angustiado, sus sentimientos suelen afectarnos. Se nos contagia su desazón, lo que nos hace revivir nuestras propias preocupaciones, pasadas y presentes. Si escuchas el relato de tu hijo como si te estuviera sucediendo a ti, carecerás de la distancia suficiente para examinar la situación con detenimiento. Regresarán recuerdos de momentos dolorosos o difíciles, rememorarás viejas emociones y batallas. Lo que habría podido ser un simple momento desagradable para el niño adquiere las dimensiones de un trauma. Hemos de procurar que los sufrimientos de nuestros hijos no nos angustien. Si escuchamos con atención y comprendemos sus sentimientos con la distancia suficiente para extraer un sentido preciso, lograremos eliminar el veneno de una mala experiencia, ofrecer un punto de vista diferente. El niño interpretará el acontecimiento como un obstáculo superable. Si no somos capaces de esto, en ocasiones aumentaremos su confusión y preocupación.

El señor L había sido un niño menudo, enclenque, de quien los chicos mayores se burlaban y mofaban. En aquella época se sentía una víctima y era incapaz de plantar cara a sus torturadores. Había hablado al respecto con sus padres y profesores, pero sin excesiva convicción, temeroso de la represalia con que le habían amenazado. Cuando oyó a su hijo Mark, de siete años, quejarse de que Roger le había pegado durante el recreo, se enfadó muchísimo. Conocía a los padres del muchacho y quiso telefonearles para protestar por el comportamiento de su hijo. Mark le suplicó que no lo hiciera e intentó explicar que Roger no había tenido intención de pegarle. El recuerdo de su cobarde comportamiento infantil espoleaba al señor L, convencido de que su hijo estaba en la misma posición. Se enfadó bastante con Mark por no dejarle hacerse cargo del niño pendenciero. Estaba reviviendo su propia experiencia y trataba de ofrecer a Mark la protección de que él había carecido, el papá protector que tanto había anhelado. También quería dar a los niños pendencieros de antaño una lección plantando cara a uno nuevo. Sin embargo, le convencieron de que no interviniera. Unos días después, cuando las dos familias salieron juntas, el señor L comentó que Roger había pegado a Mark. Los padres de Roger refirieron lo que ellos conocían del incidente; al parecer los chicos se habían enzarzado en una pelea e intercambiado golpes. Habían resuelto el conflicto al día siguiente y seguían siendo amigos.

No habría sido positivo que el señor L llamara a los padres de Roger encolerizado. Se habría peleado con sus amigos, como Mark con Roger. Aunque no era consciente de ello, el relato de su hijo había despertado en él los sentimientos almacenados desde que tenía la edad de Mark. En ese momento, desde un punto de vista emocional, dejó de ser un padre y recuperó los sentimientos de su infancia. Le costaba reconocer que la experiencia de Mark era diferente, así como responder a sus necesidades. El niño no pedía ayuda para un problema externo con un compañero pendenciero, sino un espacio para quejarse de que se había peleado con un amigo, lo cual constituía su verdadera preocupación.

También puede darse la situación inversa; un padre que, pese a la adversidad, es incapaz de escuchar el auténtico grito de socorro de un niño al que están atormentando. La idea de que «yo me las arreglaba en todas las situaciones» puede hacerle olvidar que ése no es el caso de su hijo.

Otros factores pueden interferir en nuestra capacidad de escuchar la experiencia del niño.

Los señores S se instalaron en Inglaterra como refugiados. Ambos eran profesionales en su país natal, pero tienen que esforzarse para salir adelante con sus ingresos. Los hijos se han adaptado bien y sacan buenas notas en la escuela. No obstante, Mary, de nueve años, es blanco de toda clase de burlas en el colegio. Sus compañeras le tiran del pelo, le ponen motes y la atormentan. Tiene miedo de ir a clase. La familia está muy preocupada, pero se siente impotente. No interviene y deja que Mary se las componga por sí sola.

En este caso, la angustia de Mary recuerda a sus padres el temor extremo a ser capturados y torturados que experimentaron antes de abandonar su país. El recuerdo les atormenta, y desean librarse de él. Para colmo, piensan que su situación actual es precaria. Tienen muchos problemas con el ayuntamiento y otras autoridades. Temen que ir a la escuela a quejarse comprometa su posición. No quieren que les consideren problemáticos. Su dependencia del sistema, combinada con su gratitud hacia él, les impide criticar el colegio. Por otro lado desean que las cosas sigan su curso normal y rechazan todo aquello que haga peligrar su estabilidad. Se irritan con Mary, sospechan que provoca a las demás niñas y quieren que se las arregle sola. Se les antoja insoportable oír sus quejas y reaccionan de una forma que coarta a la niña. Sus sentimientos son muy comprensibles, pero no ayudan a Mary. Por desgracia, las soluciones que encontramos a nuestras dificultades no siempre son las mejores para cada miembro de la familia.

En todos estos casos, lo importante es escuchar al niño, así como estar alerta a lo que provoca en nosotros. Debemos intentar identificar nuestros sentimientos y diferenciarlos de los de nuestro hijo, con el fin de encontrar la mejor manera de ayudarle. No es fácil ver y examinar la parte emocional que nos pertenece.

PERMANECER EN EL PRESENTE

Al examinar lo que agitan en nuestro interior los niños, nos enfrentamos a un problema más complicado de lo que parece a simple vista. Hemos examinado qué puede significar un «no» para nuestro hijo. Quizá represente mucho más que un simple límite o una opinión divergente. De forma similar, con frecuencia reaccionamos al comportamiento de nuestro hijo según nuestro punto de vista. Los acontecimientos poseen un significado que trasciende lo que sucede en el momento actual.

Tal vez constituye una nueva inquietud para ti la impresión que causa el niño en el grupo, cómo se porta sin ti durante períodos dilatados de tiempo. Una preocupación común es cómo se refleja en ti su comportamiento. Todos hemos presenciado o vivido una comida en que el niño mastica ruidosamente, eructa, hace muecas, se mece en la silla, interrumpe conversaciones, se levanta y corretea por la sala. En lugar de atajar lo que está sucediendo, por lo general la mente de la madre se dispara e imagina toda clase de posibilidades espantosas. El diálogo, o más bien la arenga, empieza así: «Espero que no te portes de esta manera fuera de casa. ¿Qué pensará la gente? ¿Cómo puedes aprender algo en la escuela si te distraes con tanta facilidad? Siempre te hemos enseñado buenos modales, ¿es que no has asimilado nada? Si sigues tumbado sobre esa silla te caerás y te harás daño; así aprenderás.» Ya no se riñe al niño por su mal comportamiento, sino que da la impresión de que todo su futuro depende de ese momento. El problema no es lo que está pasando, sino lo que pasará: ¿se prolongará indefinidamente esa conducta, se portará como una persona civilizada algún día? Además, es como si se pusiera en cuestión el trabajo de los padres: ¿hasta tal punto hemos fracasado?

Estoy utilizando un ejemplo trivial para señalar lo que desatan tales conflictos, que son numerosos durante un día normal en casa y adoptan diferentes formas, pero las pautas son consistentes. Nuestra reacción no es útil, nos impide ver lo que ocurre en realidad y nos catapulta hacia el futuro. Reaccionamos mal al momento presente. ¿Cómo podemos reaccionar mejor en situaciones como éstas? Una forma es atenernos a lo que le está sucediendo al niño, ser conscientes de lo que despierta en nosotros y tratar de mantener una distancia entre ambos. Esto nos ayuda a conservar un sentido de la proporción y buscar soluciones apropiadas.

LA CULPA

Gran parte de la dificultad de decir «no» se deriva de la culpa. Sobrecompensamos lo que creemos haber escatimado a nuestros hijos.

La señora K tiene dos hijos, Adam, de cinco años, y Natasha, de tres. Dejó de trabajar cuando nació el primero, pero hace poco su marido necesitó ayuda en el negocio y ella se ofreció a echarle una mano durante tres meses. Por la mañana ha de correr a la escuela con Adam y después ir a toda prisa a la guardería para dejar a Natasha antes de acudir al trabajo, adonde tarda en llegar una hora. La señora K explica cuán doloroso le resulta dejar solo a Adam en el patio de recreo, porque siempre es el primero en llegar. Acaba de empezar la escuela primaria y se siente muy novato. La madre está atormentada por la imagen de ese niño solitario, abandonado en un inmenso patio. Ha contratado a una canguro que conoce a los pequeños desde que nacieron para que los recoja al final del día. Consigue llegar a casa al mismo tiempo que ellos. Lo ha planificado y arreglado todo para que sus hijos sufran la menor desorganización posible. De hecho, está con ellos al principio y al final de la jornada. Sin embargo, se siente culpable por estar tan ocupada. Disfruta muchísimo con su trabajo, una vez superado el agitado inicio del día, pero la presión de llegar a todas partes puntual, la falta de flexibilidad, el temor a que los niños enfermen, acaban con sus nervios. Cuando habla de ello, utiliza palabras como «culpa», «miedo», «preocupación». Al llegar a casa intenta compensarles de no poder dedicarles todo su tiempo. Quiere que todo sea plácido y agradable entre ellos.

Así es la experiencia de muchas mujeres que trabajan. Incluso aquellas cuyo horario coincide con la jornada escolar se sienten culpables cuando están en casa porque han de atender otros asuntos, como los quehaceres domésticos o llamadas telefónicas. Es difícil satisfacer las expectativas de los niños respecto a que deberías estar a su entera disposición cuando por fin os reunís. Con frecuencia la madre cree a su hijo cuando le dice que es mala y antipática. Se ha formado la imagen que es una mala madre y trata de reparar los daños que cree haber causado. En consecuencia, dice «sí» siempre, sin oponerse a la furia y las críticas del niño, situación que se acentúa todavía más en el caso de las madres que trabajan toda la jornada y necesitan contratar los servicios de una canguro.

Del mismo modo, los padres que trabajan largas horas y apenas ven a sus hijos tienden a mimarlos. La imagen tradicional del padre, el que impone límites y disciplina, ha perdido vigencia. Pocos niños oyen en nuestros días el famoso «Ya verás cuando tu padre llegue a casa». Muy a menudo son las madres las responsables de decir «no». Tanto si se quedan en casa todo el día, agobiadas por las exigencias de los niños, como si trabajan y llegan cansadas al hogar, decir «no» resulta difícil. El «sí» puede decirse para mantener la paz o para que nos sintamos mejor con nosotras mismas. Por desgracia, no existe una respuesta que satisfaga siempre las exigencias de los niños y aplaque la preocupación que bulle en nuestro interior acerca de si somos lo bastante buenas.

La culpa también interfiere de formas menos espectaculares.

Sophie, de diez años, está haciendo los deberes delante de la televisión. Su madre le pide que la apague. «Es mi programa favorito», se queja la niña. La señora M permite que la siga viendo, pero le dice que se distraerá y que, en su opinión, no se puede trabajar así. Sophie asegura que casi ha terminado los deberes. Cuando la señora M los repasa, descubre que la niña ha cometido errores, olvidado palabras en frases y escrito algunas cosas dos veces. Se enfada consigo misma por haber cedido. Dice a Sophie que mañana no habrá televisión. Sophie llora y le dice que es mala, que todos los demás niños ven la tele, que mañana dan un episodio especial, parte crucial del argumento, etcétera. La señora M se siente cruel, y al día siguiente transige ante las renovadas súplicas de su hija.

Conflictos como éste ocurren, de una forma u otra, en todos los hogares. La señora M no quería discutir con Sophie y la abandonó a sus propios recursos. Cuando esto interfirió en sus deberes, se sintió culpable e irritada. Reaccionó prohibiendo la tele, un castigo grave para ella. Está claro que le cuesta fijar límites firmes, y a Sophie no le cuesta engatusarla. Al final, no hay límite. Pasar de la ausencia de límites al establecimiento de uno que tu hijo y tú consideráis excesivo no funcionará. La señora M acabó sintiéndose cruel y culpable de nuevo. Una solución habría sido dejarle ver la televisión, pero insistiendo en que hiciera los deberes en otro momento, sin más distracciones. Esta decisión tal vez habría dado pie a una discusión y a un estricto «no» a sus súplicas, pero también habría proporcionado a la señora M la confianza de que había concedido a Sophie una de sus peticiones. Se habría sentido menos mezquina, lo que además le habría ayudado a mantenerse firme.

En casos de divorcio o separación, ambos padres se sienten culpables con frecuencia, lo que puede interferir en los límites normales.

Terry, de ocho años, es el hijo único de los señores C, que están separados. Su relación es cordial, Terry vive con su madre, pero pasa fines de semana alternos con su padre. También habla cada día con él por teléfono. Vinieron a verme porque Terry cogía muchos berrinches, era muy exigente y montaba un escándalo si no conseguía lo que quería. Su padre se describió como blando: era incapaz de decir «no» a su hijo. Por otro lado creía que, si era amable con Terry, éste también lo sería con él. Deseaba lo mejor para el chico y le preocupaba mucho que pareciera desdichado. Sentía unos intensos remordimientos por no vivir ya con él, y le costaba mucho negarse a cualquiera de sus peticiones. La señora C también estaba al límite de sus fuerzas y consideraba que cualquier contacto con Terry implicaba una batalla de voluntades. Estaba irritada con su ex marido por mimar a Terry, lo que dificultaba que ella se mantuviera firme ante él. Cuando les vi juntos, Terry se mostraba muy complacido por el efecto que obraba en ellos. La principal consecuencia de su comportamiento era que sus padres hablaban cada día entre sí de él. Conseguía que tuvieran un contacto continuo, muy cargado emocionalmente. Era su forma de mantener juntos a sus padres, concentrados en él. No expresaba a las claras sus sentimientos sobre la separación de sus padres, y tal vez no experimentaba ninguno al respecto. Insistía en que, por lo que a él concernía, todo iba bien. No era consciente de tener un problema, eran ellos quienes lo tenían. Daba la impresión de que intentaba aplacar su dolor provocándoles dolor, alimentando sus remordimientos e impidiéndoles que siguieran adelante y formaran nuevas relaciones. Por otro lado, se privaba de un hogar apropiado con cualquiera de los dos al convertir sus casas en lugares infelices. Los padres comprendían muy bien cómo le había afectado su divorcio y hacían lo posible por allanarle el camino, vivían cerca y le dejaban telefonear al otro cuando quería. Sin embargo, al mostrarse remisos a adoptar una actitud firme le permitían estropear el tiempo que pasaban juntos.

A veces los niños se quedan tan atrapados en su infelicidad o ira que se convierten en tiranos, de sí mismos y de los demás. La tarea de los padres es impedirlo antes de que la situación llegue a más. El señor C se veía incapaz de decir a su hijo que no contestaría a su quinta llamada en veinte minutos, porque realmente creía que Terry necesitaba telefonearle tantas veces. Su temor a herirle, su idea de que, en cierta forma, le había abandonado paralizaban sus pensamientos. Ya no aplicaba los límites normales que le habría impuesto de haber vivido en casa. Esta falta de límites animó a Terry a convertirse en un tirano y aguar los momentos que pasaba con sus padres. En un intento por impedir que Terry o ellos se sintieran mal, los progenitores cedían. En realidad, el tiro les salió por la culata, y su actitud provocó que se enfrentaran continuamente con él. Establecer unos límites firmes habría ayudado a Terry a darse cuenta de que la vida había cambiado, así como a aceptar que la separación de sus padres significaba que uno de los dos no estaría tan accesible como antes. Tendría que haber llorado la pérdida. Ellos, a su vez, tendrían que haber hecho frente a su ira. En cambio habían procurado limitar el número de cambios, fingir que la vida de Terry seguiría más o menos igual. Esto no era posible y ocultaba la verdad. Así pues, Terry encontraba defectos a todo y exigía siempre agasajos para llenar el vacío, para evitar el tremendo impacto de no vivir con los dos padres. Al final, su miedo a ser rechazado se materializó, porque cada padre se sentía aliviado cuando lo entregaba al otro.

La culpa nos lleva asimismo a pensar que nuestros hijos deben tener muchas posesiones materiales. Los niños de hoy día tienen montones de juguetes, ropa y juegos. Hasta las familias más pobres se esfuerzan por regalar cosas a sus hijos en cuanto entra dinero en casa. Un aspecto que me sorprendió cuando trabajé en un centro de atención a familias jóvenes, dependiente de Servicios Sociales, era la cantidad de dinero que las madres gastaban en sus hijos. Como resultado, los niños tienden a crecer con la sensación de que los objetos están al alcance de cualquiera, y de que las nuevas aportaciones deberían ser continuas. Actúan como si en realidad «necesitaran» lo que sea, lo cual incide en nuestra sensación de no dar suficiente, sean cosas materiales o tiempo, atención, amor. Queremos compensar lo que creemos no haber proporcionado, así que hacemos regalos.

Esto despoja al niño de una experiencia necesaria. Cuando quieren algo, creen que lo necesitan. Como adultos, somos más capaces de establecer la distinción. Gracias a nuestra actitud, los chicos aprenden a diferenciar, lo que deviene tremendamente útil, pues de lo contrario siempre estarán a merced de deseos desesperados que nunca serán satisfechos. Tener y desechar con facilidad también impide que haya objetos especiales para el niño. Si un juguete se rompe y es sustituido de inmediato con el fin de ahorrarle dolor, no lamenta la pérdida ni agradece la recuperación posterior. Esto impide que los juguetes adquieran un significado emocional y que el niño conozca vínculos profundos. Además, interfiere con su sensación de la realidad, la certeza de que, si rompes algo, se estropea y ya no funciona.

Otra ventaja de no obtener siempre lo que se desea, de que un padre diga «no», reside en la capacidad de soportar un espacio vacío, una falta, el problema al que regreso a lo largo de todo el libro. Si todas las carencias se suplen al instante, no queda espacio para la creatividad. Si un niño tiene un juguete para cada ocasión, no utilizará su imaginación para inventar, para convertir un objeto en otro. Una caja será una caja, en lugar de una casa de muñecas en potencia; un palo será confinado al jardín, en lugar de transformarse en la batuta de un director de orquesta, un fusil o lo que se apodere de su fantasía. Poseer siempre el objeto específico puede embotar la capacidad de los niños de simbolizar, fingir e inventar. Todavía más importante, su sensación de que una falta es insoportable se refuerza. Estamos admitiendo que no tener es terrible. Estamos diciendo que una persona es lo que posee. Si un niño vincula su importancia a lo que posee, su imagen de sí mismo siempre estará en peligro. Al tolerar que no tenga, aumenta su capacidad de creer en sí mismo y se refuerza el conocimiento de que es quien es, su carácter, la posesión más valiosa de todas, de la cual nadie le puede despojar. Es esta sensación de ser apreciado por lo que eres lo que ayuda a la gente a sobrevivir en tiempos de adversidad. En nuestras relaciones con adultos, conocemos a muchas personas ambiciosas que carecen de esta sensación de seguridad.

ESPEJITO, ESPEJITO

Es difícil mantener una postura firme cuando piensas que eres demasiado severo. Durante los años de la escuela primaria, muchos hijos «sacan de quicio» a sus padres. Nuestra generación ha sido educada en el «respeto» a los niños. Creemos que esto significa explicarles las cosas, pero esperamos que siempre se muestren de acuerdo. Deseamos gobernar por consenso. Es una manera de reconocer tanto lo que les diferencia de nosotros como su esfuerzo por encontrar una forma de estar en el mundo. Muchos niños de siete años pondrán al descubierto la incoherencia de su madre cuando se enfrenta a un mal comportamiento y conseguirán que se sienta al instante irracional, culpable sin remisión. Las madres adoptan una posición defensiva y, en consecuencia, pierden la discusión. Para su desarrollo, es importante que el niño se rebele y lo cuestione todo, que encuentre su base y se exprese. Asimismo resulta esencial que el adulto se mantenga firme en su postura y no se deje arrastrar a la batalla de los niños de siete años. Para que esto suceda, antes de tomar una postura has de pensar: ¿de veras creo en esto? Si lo tienes claro, es muy probable que conserves tu firmeza y no te dejes sorprender por ningún ataque.

Ya he explicado que el niño se ve reflejado en los ojos de su madre. Ella, a su vez, se ve reflejada en los de él. En la etapa en que los niños intentan interiorizar normas y convenciones, suelen adoptar las peculiaridades de los padres. Además, han aprendido la visión que éstos tienen del mundo y su forma de lidiar con él. Uno de los factores que nos molestan, en mi opinión, es ver aspectos de nosotros en nuestros hijos, sobre todo los rasgos que no nos gustan. Un niño que discute continuamente, nunca da su brazo a torcer o se desmorona con facilidad ante la adversidad tal vez se parezca mucho a uno de sus padres. En tal caso, éstos se inclinan a mostrarse más duros de lo habitual.

Hemos visto que, cuando nos disgustamos con nuestros hijos, con frecuencia sufrimos una regresión, retrocedemos a la fase en que ellos se encuentran. Con los bebés nos entra el pánico, con los niños que dan sus primeros pasos cogemos el equivalente de sus berrinches, con los chicos que empiezan la escuela primaria nos mostramos más rígidos, un tanto arrogantes y autoritarios. No siempre pasa pero, cuando el comportamiento de nuestros hijos nos irrita, nos trasladamos a su fase. He intentado dilucidar qué nos irrita tanto de los niños de entre cinco y diez años de edad, y creo que guarda relación con su intento de ser como adultos, tal como ellos nos ven. Este esfuerzo nos acompaña durante toda la vida. Muchos adultos afirman que nunca han crecido, al menos como debe ser. Da la impresión de que la imagen infantil de los adultos nos sigue siempre: personas racionales en todo momento, consideradas, con gran autocontrol, que siempre tienen razón. El niño que discute, no escucha o desobedece en ocasiones amenaza la imagen que nos hemos formado de nosotros como seres maduros y nos empuja hacia una rígida y tenaz batalla para conservar nuestra posición. Con los bebés y niños que empiezan a andar, nuestro papel es claramente el de madre. Con los niños mayores, y aún más con los adolescentes, tal vez sintamos nuestra posición atacada. Quizá nos preguntemos: ¿Quién es la madre aquí? Nuestra confianza está socavada y, en lugar de actuar más como madres, es decir, por nuestro bien y el de nuestros hijos, nos convertimos en una especie de pseudoadultos, igual que el niño que intenta actuar como sus padres.

CASTIGOS

Hemos visto que a esta edad la lógica, la justicia y la imparcialidad desempeñan un papel destacado. Los niños están aprendiendo a obedecer órdenes, y necesitan creer que es por un motivo. No cabe duda de que los límites son útiles, pero la cuestión de cómo aplicarlos no es fácil. Mi hija, Holly, de diez años, ha insistido mucho en que debería dejar muy claro en mi libro que los adultos han de decir «no» con amabilidad, sin gritar ni reñir demasiado, de lo contrario, asegura, «los niños dejan de escuchar». Estoy de acuerdo con ella. He explicado que los límites consiguen que los niños se sientan más a salvo o flexionen sus músculos emocionales. La cuestión crucial es la del equilibrio y la motivación. Si tu «no» es producto de un desquite, quizá no alcance su objetivo. Si está más relacionado con tus preocupaciones que con la circunstancia del niño, puede que también yerre el blanco. Si crees que es por el bien de tu hijo, transmitirás más convicción.

Claro que hay momentos en que debes reforzar tu postura, por lo general con un castigo.

Georgiou, de seis años, se enfadó mucho con su amigo Jim cuando estaba jugando en su casa, y en un acceso de cólera rompió un camión de juguete. Cuando su amigo se marchó, Georgiou estaba muy disgustado y pidió un camión nuevo. Su madre decidió no sustituir el juguete de inmediato para que tomara conciencia de la repercusión de sus actos. También le dijo que no le dejaría invitar a amigos a casa durante una semana por su mal comportamiento.

En general, si interrogas a los niños acerca de los castigos, tienden a suponerlos e imaginarlos mucho más duros de lo que los adultos tienen en mente. Así debería ser. Los castigos sólo son beneficiosos si fomentan el desarrollo. Los que aterrorizan o fuerzan al niño a la sumisión no ayudan a criar hijos sanos. Lo que fortalece a un niño es la creencia de que sus padres se enfadarán, dedicarán tiempo a pensar en él y estarán dispuestos a soportar momentos duros, discusiones y batallas por su bien. Esto significa que el castigo más eficaz es el que guarda relación con la mala conducta y es proporcionado a ella, como en el caso de Georgiou. Es algo concreto, no un juicio global sobre el niño. Es lo bastante severo para hacer pensar, y no tan perturbador como para inhibir el aprendizaje. Es algo en lo que crees, de lo que no te apeas, pese a las presiones a que te ves sometida y a la momentánea impopularidad.

Asimismo es importante que los castigos estén vinculados al niño, no a ti. Decir a un niño que su comportamiento te pone enferma significa descargar un peso injusto sobre sus espaldas, una responsabilidad que no le corresponde. Nos podemos sorprender diciendo cosas como «Si continúas así, me matarás». Eso no es cierto. Es responsable de su comportamiento, y tú eres responsable de cómo consigue que te sientas.

Nos gusta pensar en nosotros como buenos padres, y esperamos que nuestros hijos opinen lo mismo. Cuando estamos en conflicto con ellos, es difícil hacerse una imagen global. Cuando decimos «no» y protestan y nos acusan de ser horribles, creemos ser la mala madre que vemos en sus ojos o escuchamos en su descripción de nosotras. Esto puede dificultarnos decir «no». Debemos estar preparadas para ser impopulares y lo bastante fuertes para aferrarnos a la certeza de que, a fin de cuentas, no somos tan malas.

RESUMEN

Durante los años de la escuela primaria, el entorno del niño cambia del grupo familiar, en esencia, a la escuela. Ha de adaptarse al grupo y satisfacer expectativas mayores que antes. Su mundo se llena de normas y tareas. Decir «no» es una forma de establecer límites y separaciones, de crear un espacio entre deseos, pensamientos y acciones. El problema del control, tanto interno como externo, es pertinente en este grupo de edad. A los niños de primaria les gustan las normas y las estructuras. Les ayudan a distanciarse de sus sentimientos más infantiles, que hay que contener con el fin de que gocen de libertad para concentrarse y aprender. A esta edad, encuentran placer en utilizar y explorar el lenguaje, el razonamiento y las aptitudes intelectuales. El niño pequeño ha de aprender a caminar, correr, manipular objetos, ser diestro, dominar el lenguaje y la comunicación. Entre los cinco y los diez años, trabaja en un lienzo más amplio, que exige un control más afinado. Ha de entablar amistades, negociar ante los conflictos, encontrar su lugar en el grupo social. Para que pueda conseguir esto (abrirse a gente nueva, nuevas ideas, nuevas aptitudes, nuevo aprendizaje) ha de partir de una base segura. Debe sentirse diferente, creer en sí mismo y abrigar la convicción de que el mundo tiene mucho que ofrecer. Al decir «no», en el sentido amplio y simbólico en que utilizo el concepto, le ayudamos a formarse una idea de sí mismo y de nosotros, además de obtener la capacidad de elegir cómo se relaciona con el mundo.

4
ADOLESCENTES

No me considero importante,
pero a veces, incluso para mí,
el cielo y la tierra son demasiado pequeños.

Kujo Takeko[33]

UNA ÉPOCA DE TRANSFORMACIÓN

Históricamente la adolescencia no era reconocida en muchas culturas. En cuanto el niño alcanzaba la madurez física, las chicas parían y los chicos trabajaban. En nuestra sociedad no está claro si el adolescente es un niño o una persona joven. Además da la impresión de que la adolescencia dura más. Desde el punto de vista de la psicoterapia, se considera a alguien de veintipocos años un adolescente si todavía depende de figuras paternas, como los estudiantes que viven en casa. El mundo de los jóvenes adolescentes es muy distinto del de la adolescencia tardía, y también existen muchas diferencias entre un sexo y otro. Los psicólogos consideran crítico este período, en que el niño regresa, después de una etapa más serena de consolidación, a los dramas de la primera infancia, revisitados en el contexto de una sexualidad en desarrollo. Suele definirse la adolescencia como un obstáculo, y las caricaturas de adolescentes en casa siempre los representan como personas que crean problemas. Sin embargo, es un período de grandes oportunidades para el desarrollo. Los padres, por su parte, pueden encontrar muy conmovedor y gratificante ver al niño transformarse poco a poco en un adulto.

El problema de decir «no» se complica más. ¿Aún debemos poner límites, y de qué forma? También es una época que exige que nosotros nos impongamos límites más estrictos con el fin de alentar el crecimiento de nuestros hijos. Hemos de concederles mayor libertad que antes para que exploren por sí mismos.

La pregunta principal que se plantea esa joven persona tiene que ver con la identidad: «¿Quién soy yo?»

HAY UN EXTRAÑO EN MI CUERPO

Los primeros años de la adolescencia, desde los doce a los catorce, son un período de grandes cambios. El crecimiento físico es más veloz que en cualquier otra época, excepto en el útero. La sexualidad se cuela en su vida. Los padres suelen quejarse de que notan a su hijo diferente, se ha convertido en un extraño en casa. Sin embargo, olvidan que el niño también se siente extraño. El cuerpo cambia de forma radical, y muchas emociones cobran vida. Las hormonas campan a sus anchas, el chico puede sentirse con ganas de llorar, exaltado, excitado. En general, prevalecen los extremos. Existe una enorme preocupación por el cuerpo, sus sensaciones, y por las apariencias: cuál es su aspecto, cómo le perciben. Aspectos de sí mismo a los que se había acostumbrado empiezan a cambiar. Algunas de estas transformaciones, que los adultos siempre comentan, son muy evidentes. El niño con barba incipiente o la chica que se está acostumbrando a tener una forma diferente suelen ser recibidos con exclamaciones de cuánto han crecido, de que ya no son niños, sino hombres o mujeres jóvenes. Una experiencia que se siente como muy íntima es visible para todos. Las chicas se enfrentan no sólo al desarrollo físico, sino a la aparición de la menstruación y el conocimiento de que pueden ser madres. Han de afrontar la realidad de que están abiertas a las responsabilidades adultas, sin dejar de ser inmaduras. Los chicos son menos conscientes de esto, pero sienten angustia por su potencia, relacionada a menudo con conquistas o logros. También han de lidiar con extrañas experiencias, por ejemplo los cambios de voz, como si se hubieran convertido de repente en otra persona.

Los adolescentes sienten ganas de llorar a menudo y, si tienen confianza para hablar con sus padres, comunicarán la perplejidad por su estado con frases como «Estoy triste», «Me siento muy solo», «En la escuela no le caigo bien a nadie», «Todo el mundo se ríe de mí», seguidas de «pero no sé por qué». Aunque abundan las pruebas en contra (los amigos llaman, admiran al chico y buscan su compañía), estas sensaciones de soledad y aislamiento son muy reales.

Otro enigma es por qué se siente tan diferente de un día para otro. En un momento dado está en la cumbre del mundo, y al siguiente, hundido en los abismos de la desesperación. Su humor y su imagen de sí mismo oscilan como ramas al viento. El adolescente se siente fragmentado, sin saber en qué apoyarse. Mañana, ¿será un desdichado o un hombre feliz? De forma similar, la madre no sabe a quién habla en un momento determinado. ¿Suzy está contenta y alegre para que mamá pueda reprenderla cariñosamente sobre el desorden de su habitación, o en cambio la deprimiré? Como el adolescente fluctúa entre ser independiente y muy maduro en ocasiones, e infantil en otras, los padres no salen de su desconcierto. Si hablas al niño que lleva dentro, el adolescente puede criticarte por ser paternalista, por no confiar en él. Si le tratas como a un adulto, tal vez se sienta apremiado y poco querido. Esto se demuestra en los conflictos más banales. Por ejemplo, quiere saber a qué hora empieza una película, y tú le animas a llamar al cine para averiguarlo. Te acusa de pensar que es muy mayor, te dice que las madres de sus amigos nunca les piden que hagan llamadas semejantes. Más tarde, cuando quieres saber con quién va y cómo volverá, te dice que no es un bebé y que eres demasiado protectora. En este momento tienes la impresión de que, digas lo que digas, nunca acertarás. Esta incertidumbre consigue que todos los miembros de la familia experimenten la sensación de caminar sobre cáscaras de huevo. El problema de decir «no» y fijar límites se hace delicado, y muchas familias piensan que están fracasando en este punto.

EL HOGAR: UNA BASE SEGURA

Durante este tiempo de cambios, inseguridad y movimiento, nuestro hijo tal vez se sienta descontrolado. Es muy importante en este momento que no nos dejemos invadir y dominar por los mismos sentimientos que le abruman a él. En el capítulo 1 escribía sobre la capacidad de una madre para refrenar a su hijo, para transformar sentimientos aterradores en emociones más manejables. Esta función es también crucial con los adolescentes, pero adopta una forma diferente. Si el bebé llora de aflicción, puedes abrazarlo y calmarlo. El adolescente manifestará su desazón de una manera muy diferente. Según los momentos, se mostrará colérico, provocador, temeroso, triste, confuso... Le embargará toda una gama de emociones. Pero, de una forma sutil, es el ambiente hogareño, el entorno que le hemos proporcionado, lo que le hará sentir respaldado y a salvo. Nuestra capacidad de dictar normas, atenernos a ellas, saber lo que es apropiado o no, contribuirá a que sea capaz de salir al exterior desde una base segura. La clave es que seamos fuertes y flexibles.

Brindamos apoyo a nuestros hijos cuando están inseguros, pero, sobre todo, les brindamos apoyo en la mente. Es una forma de darles confianza. Los padres han de acomodarse a los aspectos nuevos y diferentes de su hijo. Deben adaptarse a su renovada imagen, como él se adapta a los cambios que vive. Hemos visto a lo largo de este libro que todos desarrollamos una idea de quiénes somos a partir del reflejo que nos devuelven los ojos de otros. Nos conocemos mejor al ver la reacción de los demás ante nosotros, las emociones que evocamos en ellos. Si somos diferentes de un día para otro, resulta muy difícil obtener una imagen clara. Los padres se enfrentan al dilema y a la tarea ardua, de abrirse a un nuevo hijo, sin perder de vista al que ya conocen.

Para el adolescente constituye una gran fuente de estabilidad saber que sus padres confían en él, confían en que el hijo que han conocido hasta ahora sigue presente y continuará existiendo en la nueva persona que se está desarrollando. Una contribución importante de los padres es dar la bienvenida a la búsqueda de su identidad que lleva a cabo el chico, así como a las numerosas apariencias que adoptará hasta que encuentre la adecuada, seguros de la bondad que anida en el núcleo de su personalidad. Es difícil creer esto cuando tu hijo se muestra rebelde, sucio, antisocial, etcétera. Sin embargo, si esta visión positiva de sí mismo es la que ve reflejada en tus ojos, fomentará su autoestima y le ayudará a tomar decisiones acertadas. Por supuesto, no estoy hablando de ceguera ante los problemas y dificultades, ni de una postura chantajista en el sentido de que, puesto que confías en él, no debe defraudarte. Estoy hablando de una fe básica en tu hijo, nacida de la confianza de que has hecho lo máximo posible por él y ha llegado el momento de que se aventure en el mundo solo.

LÍMITES RAZONABLES

Hemos visto en los capítulos anteriores que la estructura, las normas y los límites consiguen que el niño se sienta a salvo. Durante la adolescencia, se rebelan contra las normas, consideran los límites frustrantes y, en ocasiones, castradores. ¿Significa esto que deberíamos desecharlos? El adolescente necesita volar, quebrantar las reglas. De nuevo nos encontramos ante un acto de equilibrio. La necesidad es doble. En primer lugar, los adolescentes necesitan padres a los que oponerse, con los que pelearse. Así como el bebé necesita patear tu mano para medir su fuerza y hasta dónde puede llegar, los adolescentes necesitan cierto grado de resistencia para explorar su alcance. Es importante permitirlo y no esforzarse demasiado en ser la madre «buena», cuando lo que quiere es luchar contra la «mala» madre que te considera. Quizá discuta contigo para averiguar qué piensa en realidad. Quizá rechace tu punto de vista con el fin de descubrir su opinión. Empeñarte en que tus hijos te den la razón, o reconocer que estás de su parte, no les ayuda a salir al mundo. Tener un conflicto y resolverlo potenciará su fortaleza.

En segundo lugar, hay momentos en que es preciso decir «no» con firmeza. A veces el niño quiere que le reprimas. Está asustado o preocupado por algo, pero no quiere desprestigiarse ante los demás o llevarse una decepción cuando tome la iniciativa.

Las amigas de Shabana, de doce años, le habían pedido que fuera de compras con ellas a un mercadillo dominical que se organizaba en una parte bastante deprimida de la ciudad. Estaba exaltada por la perspectiva, pero también nerviosa. Cuanto más preguntaba a su madre si podía ir, más evidente resultaba que no lo tenía muy claro. Quería expresar entusiasmo por la aventura, pero de hecho estaba atemorizada. Su madre no le dio permiso. Shabana se enfadó con ella y la acusó de ser sobreprotectora e injusta. Sin embargo, el día del paseo estuvo muy cariñosa y contenta con ella, aliviada de poder haber dicho a sus amigas que deseaba ir pero su madre no la había dejado.

En una escena similar el adolescente adopta el papel de osado y tú cumples el de represora, que en secreto (a veces de forma manifiesta) desea y necesita. Lo mismo podría aplicarse a situaciones diarias en que debes animar a tu hijo adolescente a no quedarse despierto hasta muy tarde cuando ves que está agotado, o en las que quiere salir con amigos mucho mayores e insistes en que tus normas habituales aún siguen vigentes para él, aunque tal vez no para sus compañeros.

El adolescente habla con pasión, te desafía con descaro. Es importante que perciba el eco de sus emociones en tu voz. Si contestas con mucha calma, o elevas la voz, tal vez piense que no le has escuchado. Es esencial que su desafío nos encrespe, que sus emociones nos conmuevan. Lo importante es cómo afrontamos el cuestionamiento de las normas, además de cómo las enunciamos.

Nuestra postura se tambalea, porque no siempre estamos seguras de lo que conviene a nuestro hijo. Es en estas zonas indefinidas donde cambiamos de argumentación. En tales momentos, lo importante para él es que estás pensando en lo que dice, y que tú también te enfrentas a un dilema. Esto le ayuda a saber que no eres una persona rígida, sino abierta. Es crucial mostrarse flexible cuando estamos inseguros, en lugar de ceder porque deseamos evitar un conflicto o no soportamos ser impopulares.

A esta edad, en general, lo máximo que podemos ofrecer es nuestra opinión. El adolescente nos desafía y desobedece de una manera diferente del niño pequeño. Puede salir de casa, hacerse daño o hacértelo a ti. Se imponen las normas porque han sido asimiladas y ejercen una presión interna sobre él. El mutuo respeto también las refuerza. Un hijo convencido de que sus padres le quieren respetará su decisión en la mayoría de los casos, del mismo modo que los padres persuadidos de que su hijo es franco y sincero escucharán su punto de vista. Sin embargo, en determinados momentos es preciso imponer las normas, prohibir las salidas y retirar los privilegios. Como último recurso, se puede pedir ayuda externa a la familia.

¿Cómo contemplan los adolescentes el problema de fijar límites? He hablado con muchos adolescentes durante la preparación de este libro, y me ha sorprendido que todos esperan y desean que sus padres establezcan normas. Creo que sus opiniones son muy representativas.

- Querían que sus padres les prohibieran fumar y beber diciéndoles: «Es malo para ti.» Según este punto de vista, los padres han de protegerles de lo que es «malo». Esto no significaba que los chicos se plegaran a sus deseos, pero confiaban en que los padres adoptarían esa postura. Por otro lado opinaban que muchas normas eran sensatas. Los padres que insisten en conocer determinada información están diciendo algo a su hijo. Por ejemplo, si quieres saber dónde está y cuándo volverá, le estás concediendo libertad dentro de un orden. Estás diciendo que los límites de tiempo y lugar son importantes. El motivo suele estar relacionado con la necesidad de asegurarte de que está bien y de que puedes ir a buscarle en caso de emergencia. Este interés da al hijo la sensación de que te preocupas por él. Puedes decir «no» a una salida si estas condiciones no se cumplen. Quizá se rebelen contra ti, te acusen de no confiar en ellos, etcétera. Has de juzgar si esta aseveración es cierta, o si has tomado una postura por su bien o por tu tranquilidad mental. Atenerte a tus condiciones, pese a sus protestas y presiones, les proporciona la sensación de que estás dispuesta a luchar por su bienestar, de que no permitirás que otros o ellos mismos se pongan en peligro. Esta actitud fomenta los sentimientos básicos de autoestima y seguridad.

- Por otro lado, insistían mucho en que sus padres deberían confiar en ellos y dejarse convencer si les presentaban una buena argumentación. Es decir, valoran la flexibilidad. Una vez más, la disponibilidad y la escucha indican al adolescente que estás pensando en él, pura y simplemente. No aplicas normas arbitrarias. Tu «no» revela que estás preocupada por él. Saber que puedes cambiar de opinión significa que estás sometida a una gran presión. Con frecuencia los padres se aferran con rigidez a un «no» para evitar un conflicto prolongado. No obstante, si escuchas, tu decisión final, sea «sí» o «no», estará relacionada con lo que ha pasado entre vosotros. Tal vez acabes sintiéndote fatal, y tus hijos se muestren airados. En realidad has reflexionado sobre lo que han dicho y tomado una decisión. En este caso tu actitud es un buen ejemplo para ellos: tras considerar todos los factores, adoptas una postura aunque te granjees su animadversión.
- Opinaban que las normas había que establecerlas pronto, para que al llegar a la adolescencia no hubiera que luchar contra ellas. Los ejemplos incluían hacer los deberes, ayudar en casa. Advertían de los peligros de los sobornos: «Si pagas a alguien para que haga algo, en el futuro siempre te pedirá dinero.» Hablaban de la necesidad de diferenciar entre un «no» beneficioso para ellos y aquel relacionado con una cuestión de confianza. Se mostraban de acuerdo en que en algunos casos un «no» delataba falta de confianza, provocaba una sensación de no ser querido o constituía un acto de injusticia en relación con un hermano menor. Defendían los límites que constituyen la norma y opinaban que los padres debían adoptar una postura coherente en cuanto a las reglas que imponían. Hablaban de lo penoso que es tener padres sobreprotectores, en cuyo caso se echa de menos formar parte de la multitud. Explicaban cuán difícil resultaba decir «no» a los demás, sobre todo a los que son populares, a los que se desea impresionar. Parecía más fácil decir «no» a los desconocidos que a la gente que te gusta o que todavía se está formando una opinión sobre ti.

Las respuestas sensatas y meditadas de los adolescentes a la pregunta de los límites contrastan con la experiencia de muchos padres e hijos en el calor del momento, en plena discusión. Sirvieron para recordarme que la adolescencia no es tan sólo la crisis tantas veces descrita, un período en que se atacan todas las normas y límites. También es la fase en que se forman nuevos códigos éticos, cuando están decidiendo qué clase de adulto y, a la larga, qué clase de padre quieren ser, cómo quieren vivir. Es una etapa de grandes oportunidades.

MOSTRARSE FIRME

Aunque padres y adolescentes reconocen que las normas y los límites son necesarios, a veces cuesta mantener la firmeza.

Los señores P, una pareja de profesionales de clase media, tienen dos hijas, de dieciséis y quince años. El señor P viajaba al extranjero con frecuencia por motivos de trabajo, y la educación de las niñas quedaba en manos de la señora P. Ésta había nacido en el seno de una familia muy estricta, y su padre solía inspirarle un gran temor. Cuando las niñas eran pequeñas, repitió la pauta a que estaba acostumbrada y las sometió a un régimen disciplinario muy firme. Acostaba a sus hijas a las seis de la tarde, la casa siempre estaba inmaculada, sin apenas juguetes desperdigados por el suelo. La madre de un amigo de las chiquillas comentaba que «en comparación con ellas, los demás muchachos parecen animales de la selva». La señora P dispensaba a sus hijas el mismo trato que ella había recibido, aunque su infancia no había sido feliz. Sencillamente no conocía otros métodos.

Cuando las niñas se relacionaron con otros chiquillos, la señora P y ellas se forjaron imágenes muy distintas de los compañeros. La mujer empezó a dudar de sí misma. Al fin y al cabo su experiencia no le había gustado. Así pues, intentó actuar como las demás madres, se mostró más indulgente y, sobre todo, dejó de abofetearlas. Sin embargo, no sabía con qué reemplazar sus anteriores métodos, no conocía otros medios de fijar límites. La situación se aguantó mientras las niñas fueron muy pequeñas. Ambas eran despiertas, de carácter fuerte, y cuando se hicieron mayores utilizaron todos sus argumentos contra la madre, lo que daba lugar a tremendas discusiones en las que cada cual exponía a gritos su opinión. Apenas existía el sentido de la jerarquía o el respeto. La obediencia anterior se había basado en la fuerza y el miedo, y ahora todas estaban en igualdad de condiciones, igualmente encolerizadas.

La situación devino intolerable cuando la mayor, Jessica, cumplió dieciséis años y la señora P ya no pudo soportar las peleas. La chica obtuvo buenas notas en los exámenes de bachillerato, ante la sorpresa de todos, e insistió en marcharse de casa para aprender una profesión. Habían sostenido muchas discusiones sobre los pros y los contras de tal decisión. Los padres coincidían en que no era una buena idea, era demasiado joven para apañárselas sola, perdería a sus amigas del colegio y se sentiría muy aislada en un grupo de gente mucho mayor que ella. También les angustiaban los otros peligros que entrañaba moverse entre personas mayores, sobre todo hombres, en lugar de los chicos a los que estaba acostumbrada. Para defender su postura Jessica no aludía a lo que ganaría viviendo sola, sino que criticaba a sus padres, cómo la trataban, y se quejaba de lo desdichada que era en casa.

Aunque los padres sabían que no era la mejor solución, permitieron que se marchara, sobre todo por su tranquilidad mental, por su propia cordura. Al fin y al cabo Jessica podía hacer con su vida lo que quisiera. Ahora, como cabía prever, la joven es muy desdichada por culpa de su elección y lamenta que sus padres no pensaran en su bienestar, impusieran su punto de vista, dijeran «no» a su petición y la obligaran a quedarse en casa un tiempo más por no estar aún preparada para asumir responsabilidades adultas.

Este caso, más bien dramático, ilustra los problemas que puede ocasionar no tener claros los límites desde un principio. La señora P no había tenido en su infancia límites firmes pero cordiales. Consideraba que los límites no eran tan efectivos como las normas que había que obedecer. Por lo tanto, no creía que ser firme fuera útil a los niños. Su aislamiento en relación con su marido, siempre ocupado y ausente, también la impulsaba a ser más rígida y temerosa del caos en casa. Las hijas, a su vez, creían que les tenía miedo y la acusaban a menudo de no quererlas. Sin embargo, como sucede con frecuencia, este sentimiento de auténtico pesar se transformó en un arma que utilizaron contra su madre. Cuando la señora P sintió que no podía portarse como sus padres con ella, se quedó sin recursos y en la posición de un niño que se esfuerza por comprender cómo debe actuar. Así pues, la figura adulta se sentía incapaz de absorber la angustia de las chiquillas. Era como si en la casa vivieran tres niñas. En el peor de los casos, las pequeñas experimentan la sensación de que no tienen padres. Una postura firme con Jessica, basada en lo que le convenía, habría reforzado su posición de adolescente. Por desgracia ahora es una pseudoadulta, que debe desenvolverse por su cuenta antes de tiempo.

Con el fin de fijar límites firmes y razonables, hemos de vivir la experiencia de que son útiles. De esta manera nuestro comportamiento es fruto de una confianza interior, que se comunica a nuestros hijos.

EL PAPEL DE LOS PADRES

Si los padres desempeñan el papel de padres, esto se traduce en problemas en la escuela y el hogar.

Hari, de doce años, un chico inteligente, tenía problemas de conducta en la escuela, y le costaba controlar su ira en casa: daba portazos, gritaba y desobedecía. En clase siempre tenía conflictos. Durante las sesiones de terapia explicaba que los mayores se metían con él, pero no había comentado nada a sus padres, porque creía que no sabrían cómo solucionarlo. No les veía capaces de actuar con eficacia. Era mucho más inteligente que sus progenitores, que satisfacían sus deseos para evitar discusiones. Cuando intentaban establecer una jerarquía, se rebelaba y les gritaba, de modo que arrojaban la toalla y se sentían impotentes. Con frecuencia Hari hablaba en nombre de sus padres durante las reuniones, y la terapeuta debía recordarle que estaba charlando con ellos, no con él. En casa no ocupaba el lugar de un niño. Conocía todos los detalles sobre los negocios familiares, sus deudas, sus pagos regulares, etcétera.

Aunque la de Hari parezca una posición privilegiada y de poder, era excesiva para él. Como en el caso de los matones de corta edad de los que hablamos en el capítulo 2, era aterrador estar en su lugar. Se creía al mando de la situación, pero carecía de la capacidad para llevar a cabo la tarea. La terapia intentó restablecer el equilibrio y ubicar de nuevo a sus padres en el papel que les correspondía. Hari tuvo que entregar el control, pero después fue capaz de comportarse como el niño que era y desarrollar un ritmo más sano.

El hecho de que los adolescentes asuman excesivas responsabilidades puede interferir en su crecimiento y manifestarse en síntomas físicos.

David, de catorce años, tenía «vahídos», mareos y fuertes dolores de cabeza. Era un chico considerado, que se expresaba muy bien, y vivía en un barrio conflictivo. Su madre se comportaba como una adolescente, tenía tres hijos de relaciones diferentes y se mudaba de casa cada dos por tres, sin pensar demasiado en lo que los cambios significaban para los niños, que dejaban atrás amigos y escuelas. No existía una figura paterna estable en su vida, aunque la madre solía tener siempre una pareja. David asumió la responsabilidad de ser el hombrecito de la casa, protegía con vehemencia a sus hermanos y se impuso la carga de mantener cierta regularidad en casa. Le costaba mucho decir «no» a su madre, y aceptaba muchas de sus responsabilidades. Sus migrañas significaban que necesitaba cuidados, algo que no podía pedir. Daba la impresión de que estar enfermo era la única forma de obtenerlos. Decidimos que lo mejor sería hablar con su madre y tratar de liberar a David de aquel peso. Por desgracia no fue posible ayudar a su madre, pues se negó a recibir tratamiento, convencida de que estaba bien. No creía que el problema de David estuviera relacionado con sentimientos o con ella. En consecuencia, David recibió tratamiento médico cuando la tensión fue excesiva. Los síntomas persistieron.

En ciertos momentos las emociones no encuentran otra forma de expresarse que a través del cuerpo. En este caso las necesidades infantiles de la madre, así como su incapacidad de hacerse cargo de su joven familia, descargaron el peso de la responsabilidad adulta sobre su hijo. En este ejemplo es la madre quien no puede decirse «no». En otras ocasiones el niño desea adoptar el papel de padre, por ejemplo, cuando esta figura está ausente. En tales casos, la madre debe impedirlo con firmeza, pero no resulta fácil y hace falta valentía.

A veces nos sentimos tan cerca de nuestros hijos y su experiencia que nos vemos incapaces de diferenciar entre nuestros sentimientos y los suyos.

Neil, de once años, fue remitido al Departamento de Psiquiatría Infantil y Adolescente porque encontraba enormes dificultades en la transición a la escuela secundaria y se negaba a asistir a clase. Tiene tres hermanos menores, de modo que no ha pasado por la experiencia de que éstos vivieran el cambio de la primaria a la secundaria. Ambos padres han sufrido depresiones, son bastante apacibles y evitan los enfrentamientos. La madre está muy concentrada en su trabajo. El padre, por su parte, pasa mucho tiempo con los hijos y se comporta como un niño grande, juega con ellos. Intentan animar a Neil a que crezca, le han dado llaves de casa, pero no desea ir y volver de la escuela solo. Está muy apegado a papá y empieza a negarse a ir a clase. Cuando se le apremia, se derrumba y coge berrinches de niño de dos años. Cuando está en el colegio, pasa cierto tiempo en el aula de alumnos con necesidades especiales, aunque no necesita ayuda extra. Está demostrando, de todas las maneras posibles, su reticencia a crecer. Sus padres se preocupan mucho por él y tienden a reforzar la idea de que el mundo exterior es bastante peligroso. Se muestran sobreprotectores y le tratan como a un niño más pequeño cuando se porta como tal.

La terapeuta que les visitó invirtió mucho tiempo en ayudar a los padres a ser más firmes y fuertes. Discutió con ellos las maneras de hacer más atractivos el colegio y el crecimiento. Les ayudó a diferenciar sus miedos y angustias de los de Neil. Los padres hablaron además con el profesor del chico y se dieron cuenta de que los maestros eran gente responsable y considerada. Una vez más vemos que la escuela, el nuevo ambiente, puede presentarse como un lugar atractivo o peligroso según las fantasías o recuerdos de los progenitores. Es fundamental observar la realidad de la situación de tu hijo, en lugar de rememorar tu experiencia. Una vez reforzada su confianza, los padres animaron a Neil a volver al colegio. Le regalaron una bicicleta, y el chico se sintió en general más competente y eficaz.

En nuestro deseo de estar siempre cerca de los hijos, nos resultará difícil adoptar una posición firme y es posible que nos apeemos del «no» cuando nos sometan a presión. Esto deriva del temor de que entrar en conflicto significa una pérdida de intimidad, una brecha en tu vínculo especial. Es como si pelearse, estar enfadada y disgustada, fuese demasiado. No obstante la madre que siempre dice «sí» se siente mal. El adolescente también se siente insatisfecho. Si la madre no dice «no», o no se atiene a su negativa, acaba sintiéndose como un bravucón o un pesado. Los adolescentes mayores, en particular, aseguran que saben lo que piensan sus padres y expresan su culpabilidad por adoptar una postura diferente. No desean disgustarles y, por otro lado, lamentan sentirse culpables. Los sentimientos subyacentes de explotación, manipulación y chantaje emocional socavan mucho más que una buena discusión. Evitar conflictos nos impide experimentar que los desacuerdos pueden resolverse. El espectro de una discusión siempre está al acecho si nunca se ha producido y superado.

Los padres se resisten a decir «no» porque desean considerarse tolerantes. Si el adolescente presiona demasiado, acaban pensando que abusan de ellos, en lugar de sentirse generosos. Algunos incluso, debido a su actitud, infantilizan al chico, que está convencido de que puede conseguirlo todo porque siempre has estado de su lado. Había una escena muy divertida en la teleserie norteamericana *Friends*, cuando Rachel, una chica de veintipocos años, habla de irse de casa y ser independiente. Se traslada al hogar de unos amigos que, cuando vuelve cargada de compras, le preguntan cómo las ha pagado. Exhibe su tarjeta de crédito con aire triunfal, hasta que la obligan a reconocer que su padre abonará las facturas.

En el momento actual hay una generación de adolescentes mayores y jóvenes veinteañeros que todavía dependen mucho de sus padres. Esta situación se explica en parte por el desempleo y la dificultad de encontrar alojamiento, pero en mi opinión también obedece a la incapacidad de los padres para decir «no» a la continuada dependencia de sus hijos. Al estar siempre pendientes de ellos tal vez les impiden tener que esforzarse y encontrar formas de buscarse la vida.

Nadia tiene quince años, sus padres están divorciados y viaja con frecuencia de un continente a otro para pasar temporadas con ambos. Los padres han vuelto a casarse y tratan de crear una nueva familia. Mi colega y yo supimos de su existencia cuando ofrecimos terapia matrimonial a su madre y su nuevo esposo. Vinieron a vernos preocupados por la creciente distancia entre ellos y las dificultades que habían aparecido respecto a la forma de tratar a esta hija de un matrimonio anterior. Se culpaban mutuamente de todos los problemas con Nadia, sobre todo en el aspecto de los límites y las normas. La principal queja del señor M era que su esposa se sentía tan culpable del fracaso de su anterior matrimonio que se mostraba demasiado condescendiente con la chica. Ésta, debido a su conducta perturbada y perturbadora, dominaba a la familia. Robaba, llegaba tarde a casa, mentía y, en general, era una delincuente. Aunque escuchamos numerosas referencias negativas de su personalidad, nos dimos cuenta de lo aterrador y preocupante que debía de ser para ella pensar que no tenía un lugar en ese hogar.

Muchos adolescentes ponen a prueba vuestros límites: ¿cuánto aguantarás hasta que te deshagas de ellos? Esta actitud se acentúa más en los chicos con graves carencias afectivas, que han sido acogidos y han vagado de hogar en hogar, aunque en cierta medida está presente en todo niño. Es una forma de preguntar: «¿Hasta qué punto me quieres?»

Las baladronadas de Nadia no eran tan terribles, y su angustia no estaba muy oculta. En cuanto fue posible hablar con la pareja de su resentimiento por tener que aguantar a una niña de un matrimonio anterior, así como de que en ocasiones deseaban que Nadia no viviera con ellos, admitieron que su comportamiento no era propio de una delincuente. Tomaron conciencia de que había algo de cierto en la sensación de Nadia de que no tenía un lugar con ellos. Su presencia les irritaba, a veces querían desembarazarse de ella, como si se interpusiera entre los dos. De esta forma estuvieron en condiciones de hacer suyos algunos de estos sentimientos y pensar con detenimiento en la manera de integrar la antigua familia en la nueva, y qué papel desempeñaría el señor M.

Mientras desentrañábamos los sentimientos que les inspiraba empezar una nueva familia a partir de otra ya existente, abordamos el tema de la responsabilidad de fijar límites y normas. ¿Todo lo concerniente a Nadia quedaría en manos de la señora M, o se comportarían como una nueva familia con sus propias normas? Mediante su comportamiento y sus conversaciones lograron comunicar a Nadia que siempre sería la hija de la señora M y ocuparía un lugar en la familia, pero también el señor M tendría el suyo. A medida que el trabajo progresaba, determinaron comunicar sin ambigüedades al padre de Nadia lo que pensaban acerca de su bienestar y tomaron decisiones sobre cómo y cuándo se reuniría con él. El objetivo era que las visitas dependieran de un acuerdo adoptado entre las distintas partes, en lugar de convertirse en una solución a las crisis, como en el pasado, cuando la niña marchaba a casa de uno para escapar del otro, o uno de los padres necesitaba un respiro.

El problema del lugar que ocupa un adolescente en la familia siempre está en juego. ¿Es un inquilino en una pensión? ¿Es hijo de los padres? ¿Es un hermano mayor a cargo de los menores? ¿Su cometido es proteger o actuar como pareja de un padre? Estas preguntas aparecen en casi todas las familias y a menudo desatan una batalla campal. Los padres han de ser padres, los hijos han de tener la seguridad de que no les abandonarán, de que serán sus padres sea cual sea su comportamiento. Para ser padres, hay que sentirse al mando del hogar y asumir la responsabilidad de la clase de familia que se tendrá. Un niño que se considere capaz de derribar los límites se sentirá inseguro y asustado. La capacidad de los progenitores de decir «no» y mantenerse firmes es una red de seguridad para el adolescente aterrado.

UNA IDENTIDAD DIFERENTE

La adolescencia es la época en que se intenta forjar una identidad independiente. El hogar familiar ya no es el refugio de antaño, los padres ya no son las personas a las que el niño desea emular. Los padres no ocupan la posición central, como antes. La escuela y los amigos les sustituyen como la gran preocupación de los hijos. Al intentar desarrollar su independencia, es importante que los hijos abandonen su anterior relación con los padres. Es muy difícil modificar tu comportamiento y forma de pensar con las mismas personas. Hay que buscar en otra parte para practicar nuevas aptitudes. Incluso de adultos nos mostramos remisos a establecer una relación diferente con nuestros padres. Nos comportamos con ellos como hemos hecho durante casi toda la vida, aunque actuemos de una manera muy distinta con otras personas.

En la adolescencia se produce una búsqueda de modelos ajenos a la familia con los que el chico puede identificarse. Se buscan ideas e ideologías, religiones, sistemas, modas y modelos. Algunos serán adultos (políticos, profesores o escritores), otros pertenecerán al mundo del espectáculo, el cine, la música, o bien al ambiente escolar y social del niño. El adolescente, tal vez por primera vez, será el responsable de elegir sus compañías. Ya no ha de depender de los padres para invitar a casa a los amigos. Tendrá que solucionar muchos conflictos sin ayuda. La madre no estará tan presente como antes. Los adolescentes se reunirán en algún lugar para ir al cine, de compras donde sea. Los problemas que surjan deberán resolverlos ellos o sus amigos. Han de confiar en sí mismos. No tendrán a nadie que les recite o recuerde las normas. Procederán de su interior. A estas alturas, para que estén establecidas, ya habrán tenido que asimilar las advertencias sobre riesgos o peligros, o respecto a la consideración hacia los demás. Se verán sometidos a presiones de sus iguales para suscribir formas diferentes de comportamiento.

En esta etapa han de decidir si desean escuchar las voces paternas de su infancia o no. Para ayudarles a internalizar el concepto de fronteras y límites, has de dejar que elijan con libertad. Los padres han de crecer y cambiar con sus hijos. Asimismo deben encontrar una nueva forma de ser, como cuando tuvieron al bebé. Han de soltar las amarras de su hijo y ayudarle a que se convierta en un joven adulto. Soltar las amarras siempre es duro, a lo largo de toda la vida.

Muchos adolescentes necesitan espacio para estar solos, para encontrar su lugar en el grupo de amigos. A algunos les resulta más fácil si se desgajan de la familia un tiempo, porque al principio es muy difícil ser independiente y conservar el apego al mismo tiempo. Los padres observan que su hijo, que antes al volver de la escuela quería sentarse, estar a su lado, ver la televisión y merendar, ahora va directamente a su habitación y desaparece hasta que le llamas. Pasa largos ratos al teléfono o quiere salir con los amigos, y toda la familia toma conciencia de que es miembro de un círculo social que les excluye. Ya no se piden consejos sobre ropa, estilos, amistades o actividades. Muchos padres se sienten terriblemente excluidos.

- Claudia, madre de Julian, de doce años, y Charlotte, de trece, se encontraba sentada a la mesa entre ellos mientras reían y chismorreaban sobre sus amigos. Susurraban comentarios sobre novios de Charlotte y chicas que tiraban los tejos a Julian. Sólo podía captar retazos de su conversación, y experimentaba la tremenda sensación de que la habían dejado al margen. No había espacio para ella en su entusiasta conversación.
- Paolo, padre de Tracy, de catorce años, la vio afligida y llorosa, pero ella no explicó qué le pasaba. Confió a su madre que una discusión con sus amigas la había disgustado y le rogó que no se lo contara a papá, porque pensaría que aún era una niña pequeña.
- Richard, de quince años, siempre ha sido un chico callado, que no se comunica mucho con sus padres. De pequeño le gustaba pasar el rato con la familia y participar en sus actividades, aunque muy pocas veces las iniciaba. También le complacía que le hicieran mimos de tanto en tanto. Cuando se hizo mayor, su carácter retraído le empujó hacia actividades solitarias, como leer y jugar con el ordenador. Aunque parece muy feliz, sus padres están preocupados porque consideran que apenas saben nada de su vida afectiva, de la persona en que

se está convirtiendo. Ven a otros chicos de su edad enfrascados en actividades normales, tal vez con problemas. Les inquieta que Richard esté aislado o le hagan el vacío. Se preguntan si deberían intervenir.
- Gill, de dieciséis años, pasa horas al teléfono hablando con sus amigas, pero apenas dice nada a los demás miembros de su familia. Suponen que su cabeza debe de estar llena de cosas para sostener tantas conversaciones, pero no tienen ni idea de lo que piensa o siente.
- Kabir, de diecisiete años, sale todas las noches y no dice a sus padres adónde va ni con quién. Siempre vuelve a la hora prevista, pero no saben nada de su vida social. Es cordial en casa y hace lo que le piden, ayuda en las tareas domésticas, cuida de sus hermanos menores. No representa un problema. Sin embargo, sus padres opinan que se comporta como un inquilino más que como un hijo, y les preocupa la posibilidad de que, si tuviera problemas fuera de casa, no se enterarían. No le consideran un miembro de la familia.

Son ejemplos cotidianos de familias corrientes. La sensación de haber sido dejados de lado puede ser muy dura para los padres, pero es fundamental para el desarrollo del niño. Los progenitores deben decir «no» a su deseo de entrometerse y tal vez deban conformarse con estar disponibles si el chico desea algo de ellos, respetando sus sentimientos y necesidad de intimidad.

Si bien parece que los adolescentes no valoran la opinión de los padres, son muy sensibles a lo que les dicen. Quizá están muy seguros de su relación contigo, pero se preguntan si te gusta la nueva persona en que se están transformando. Por ejemplo, tal vez tachan tus gustos en ropa de «penosos», pero si criticas un estilo que consideran atractivo no dudan en abandonarlo. Mi hija de trece años y sus amigas un día hablaban de ir a comprar ropa. Prefieren guiarse por el criterio de sus compañeras que por el de los padres. Sin embargo, una me contó que había comprado un vestido nuevo que le encantaba. Cuando lo estrenó, su padre la miró y dijo con cierta desaprobación: «¿Qué es eso?» Nunca más volvió a ponérselo.

Cuando los adolescentes hablan con tal pasión y convicción, los imaginamos fuertes y decididos. Olvidamos lo vulnerables que son al mismo tiempo. Es el estado fluctuante de sus sentimientos lo que, con tanta frecuencia, les y nos deja perplejos. Existe, por lo tanto, una constante oscilación entre la cercanía y la distancia dentro de la familia.

Vamos a intentar comprender la causa de este distanciamiento.

Es muy difícil demostrar quién eres si estás aislado. En general, el joven adolescente tiene una buena idea de cómo le ven en casa. Está acostumbrado a las diversas relaciones con cada miembro de la familia, así como al hecho de formar parte de este pequeño grupo nuclear, con sentimientos muy intensos e íntimos. En la escuela la situación es distinta. La camarilla que formó en la escuela primaria quizá se haya disgregado con el paso a la secundaria. Se enfrenta a un nuevo círculo social. En esta época entabla amistades en grupo más que individuales. El foco cambia de la familia al grupo social. La mayoría de sus preocupaciones y satisfacciones están relacionadas con el lugar que ocupa en ese grupo. La mayoría de tus preocupaciones están relacionadas con sus compañías. Ya no eres la centinela del castillo, que invita a sus compañeros a casa o visita a las familias de sus amigos.

La elección de las amistades le permite adentrarse en los vericuetos sociales. Es muy posible que un grupo incluya un niño tranquilo, uno bullicioso, uno chistoso, uno rebelde, uno sensible. Al estar juntos observan el comportamiento de gente distinta y experimentan con diferentes aspectos de su personalidad. Tal vez hagan cosas que consideres censurables, como robar algo en una tienda, blasfemar, beber alcohol, fumar, etcétera. Debemos resignarnos a que prueben los aspectos de la vida que desearíamos evitarles. Necesitan pasar por una experiencia para averiguar que no les gusta, en lugar de que les digan «No hagas eso, es malo para ti» (no estoy hablando de una atracción crónica y constante hacia esas acciones, aspecto que trataré brevemente más adelante). La elección comporta mayor convicción y surge de su interior. La típica actitud disciplinaria del «yo sé qué te conviene» suele ser contraproducente. Suele atizar una rebelión secreta, desprecio o la sumisión del que ha sido escarnecido. M. Waddell, una psicoterapeuta infantil, afirma que «los hogares rígidos y autoritarios en exceso, que tienden a ver las cosas de formas muy polarizadas, pueden alentar a sus hijos a conductas extremas en la creencia de que están fijando límites».[34]

¡LOS PADRES NUNCA TIENEN RAZÓN!

Otro factor que crea distancia es el cambio en la visión que los niños tienen de sus padres. Durante la mayor parte de la infancia creen que sus progenitores son omnipotentes, que lo saben todo. Una de las tareas de éstos consiste en desengañarles de tal idea y darles una visión más realista y cabal. El eminente pediatra y psicoanalista D. W. Winnicott asegura que la misión de los padres es desilusionar a los niños poco a poco.[35] En la adolescencia la idealización del chico da un giro de ciento ochenta grados, y en ocasiones piensa que los padres son unos inútiles. El adolescente cree que sólo sus amigos y él son apasionados y atacan con energía a los padres. Se filtra cierto desprecio hacia la generación mayor.

Una de las fases de desarrollo normales en la adolescencia se produce cuando el niño considera que todo cuanto hacen los padres está mal, a lo que se suma una tremenda sensación de decepción: ¿cómo es posible que la persona que les parecía tan fantástica resulte ser tan tonta? Da la impresión de que, para conseguir distanciarse y separarse, el niño necesita creer que eres mala. Si continuara viéndote como a un ser maravilloso, ¿cómo podría abandonarte algún día? Es como destetarse de nuevo. Cuando existe una buena relación entre dos personas, aparece la fantasía o el deseo de que esta unión puede prolongarse siempre. Sin embargo, de ser así se produciría un estancamiento, no habría movimiento ni vida.

Durante la adolescencia los cambios son continuos. El niño te rechaza pero, para hacerlo, antes ha de convertirte en una bruja o una idiota con el fin de facilitar las cosas. Un proceso similar ocurre con una *au pair* o con niñeras jóvenes antes de que terminen sus servicios. Aunque hasta ese momento hayáis mantenido buenas relaciones, descubres de repente que discutís o disentís por trivialidades. Todo ello sirve para que la partida sea menos penosa. Los padres pueden quedarse muy perplejos cuando niños que, menos de un año antes, buscaban su consejo les acusan de intolerantes, mezquinos o paranoicos. Las peleas menudean, padres e hijos se sienten heridos por la opinión que se tiene de ellos. Muchos padres soltarán largos discursos de autodefensa e intentarán convencer a sus chicos de que están equivocados. No es muy positivo. Quizá impidan al adolescente salvar la distancia que necesita.

Si pensamos en estas trifulcas como intentos del hijo por separarse y permitimos que expresen lo mal que se sienten, les demostramos que somos tan capaces de tolerar su odio como su amor. Poder hablar en un lugar seguro con alguien que sabes que te quiere puede ser muy tranquilizador. Winnicott escribe sobre «la necesidad de desafiar en un ambiente donde existe dependencia y se está seguro de que continuará existiendo».[36]

En tales momentos hay que recordar quiénes somos y no aceptar la imagen que se nos presenta como necesariamente ajustada a la realidad. Debemos decirnos: Sé que cree que soy horrible, pero la verdad es que no lo soy, sólo defiendo lo que considero acertado. Esta actitud te permite defender tus argumentaciones, sin ceder por temor a disgustarle o quedar como la mala de la película. Hemos de atenernos a nuestros puntos de vista y defender nuestras normas, pero no podemos obligar a los demás a darnos la razón. Es mucho pedir, como hacemos con frecuencia, que nuestro hijo adolescente no sólo haga lo que deseamos, sino que encima considere también que es una buena idea.

APRENDER DE NUESTROS HIJOS

Es cierto que los adultos no conocen gran cosa sobre ciertos aspectos de la vida moderna. Los adolescentes están más al corriente de algunas novedades (adelantos en la tecnología de la información, modas, música, arte, argot) que nosotros. En la adolescencia tardía, cuando reflexionan sobre los problemas filosóficos eternos, también se cuestionan los valores que nosotros juzgamos inamovibles. Nos obligan a reconsiderar temas éticos y políticos. Los movimientos juveniles han propiciado cambios importantes, como el final de la guerra de Vietnam. Los músicos pop, iconos de la cultura juvenil, han influido en el cambio de actitudes. Esto fue particularmente cierto en los años sesenta. Por ejemplo, los Beatles transformaron por completo la actitud de los británicos hacia los hindúes. Unos inmigrantes que habían sido minusvalorados, considerados gente primitiva e incivilizada, fueron vistos de repente como poseedores de una sabiduría antiquísima que Occidente envidiaba. Indumentarias que se habían ridiculizado hasta entonces comenzaron a imitarse. Como hindú que soy, fue extraordinario vivir ese período. Un país gris pasó a ser multicolor. El mestizaje de razas y culturas suele ser el resultado de la apertura a nuevas costumbres.

La juventud de hoy nos recuerda que debemos pensar en el impacto que causamos en el medio ambiente, en nuestro comportamiento con los animales, en el trato que infligimos a nuestros cuerpos. No hemos de subestimar lo que los adultos pueden aprender de sus hijos. En muchos aspectos esperamos que se muestren idealistas y contrarresten en parte nuestro cinismo.

A veces los hijos son mejores en los estudios, en ciertas habilidades o deportes que sus padres. Una vez más, reconocer su talento, sin pensar que menoscaba nuestra autoridad o dignidad, es crucial. Si actuamos como sabelotodos sólo conseguiremos alejar a nuestro hijo. Si hablamos con conocimiento de causa de lo que sabemos y escuchamos lo que ellos saben, propiciaremos la conversación, la reciprocidad; de lo contrario pronunciaremos un sermón. Al adolescente por lo general le irrita que sus padres le suelten un discurso sobre algo de lo que él sabe más.

Demostrar que podemos aprender de ellos cumple tres funciones (¡como mínimo!). En primer lugar, les demuestra que pueden realizar una contribución valiosa, lo que potencia su autoestima y satisface su deseo de dar algo a cambio de lo que han recibido. Por otro lado, fija el modelo de que el aprendizaje nunca acaba, siempre está sujeto a la renovación y la ampliación, lo que debería proporcionarles una actitud abierta e investigadora ante las novedades que aparecen. Por último, en esta fase de la vida en que empiezan a salir al mundo, les confirma que sus padres no están fosilizados. Algunos adolescentes se sienten culpables por crecer y hacerse responsables de sí mismos. Tal vez les preocupa que sus padres sientan celos o que no haya suficiente actividad alrededor, como si éstos se hubieran hecho de repente muy viejos y fuera preciso abandonarlos. La capacidad de los padres de crecer y cambiar a su vez les concede permiso para proseguir su desarrollo con toda libertad.

Cuando los adolescentes rechazan a sus padres o cambian de opinión sobre sus cualidades, experimentan una sensación de pérdida, de tristeza, por no tener ya unos progenitores a los que respetar. Quizá se sientan muy perdidos y vacíos durante un tiempo. Su autoestima también se resiente. Si lo que has intentado emular ya no parece tan bueno, te sientes disminuido. La mayoría de los hijos superan esta visión y vuelven a contemplar a sus padres en su globalidad, con sus rasgos buenos y malos. Es la lucha con la ambivalencia que se prolonga a lo largo de toda la vida.

AMOR VERDADERO

Tras haber establecido cierta distancia respecto a sus padres, en los últimos años de la adolescencia, una etapa en que las emociones son muy intensas y apasionadas, los chicos tal vez intenten encontrar otra relación estrecha, íntima. Se experimenta a menudo como una unión, una simbiosis, una búsqueda de la otra mitad. Hemos examinado la sensación del adolescente de estar incompleto, y en ocasiones encontrar a otra persona que se amolda a él como un guante puede hacerle sentir completo. Esta relación contiene elementos de la unión idealizada entre madre y bebé, la «concordancia perfecta» de que hablábamos en el capítulo 1. La literatura clásica y la cultura popular están llenas de ejemplos del dolor de la separación y el anhelo de reunirse de nuevo.

Tal vez preocupe a los padres que su hijo o hija haya iniciado una relación muy estrecha con alguien y dejado de lado las actividades de grupo o un círculo más amplio. Aunque la unión idealizada y el deseo de que ésta dure siempre son necesarios para el desarrollo, también conducen al inmovilismo, impiden la evolución y el crecimiento, como hemos visto. Si entendemos que esta clase de relación es un intento de volver a capturar un sueño perdido, reaccionaremos con menos preocupación y confiaremos en que, al igual que evolucionaron desde su primera proximidad con nosotros a un mundo más amplio, consigan superar esta fase. Esto nos impedirá interferir e intentar decir «no» a su relación antes de que haya cumplido su función. Tendremos que ponernos un límite, decir «no» a nuestro deseo de ahorrar al hijo el dolor del corazón partido que prevemos. Si les decimos «no», nos considerarán aguafiestas de relaciones, sueños e ideales. Muchas familias han roto lazos por la elección de una pareja considerada inapropiada. Si marcas un límite demasiado pronto, tal vez alejes a tu hijo de ti todavía más, en ocasiones hasta el extremo de que no crea poder volver. No estoy hablando de alguien a quien consideres un peligro para tu hijo, sino de una persona que tú no has elegido para él.

En ocasiones nuestra objeción está relacionada con la figura idealizada de nuestro hijo, la idea de que nadie será lo bastante bueno para él. Asimismo es posible que te identifiques con él, que le veas repetir las pautas en que caíste a su edad. Experimentas el impulso de evitarle los malos tragos de tu pasado y de no revivirlos cuando le ves sufrir. Una vez más, es importante dejar espacio, recordar que sois dos personas diferentes. Los recuerdos pueden ayudarte a comprenderle, pero también pueden nublar tu visión de su experiencia particular.

Mientras nos debatimos con el hecho de que es diferente de nosotros, en ocasiones somos incapaces de ver en qué reside la atracción. ¿Cómo ha podido enamorarse de esa persona?

Los señores Z tienen tres hijos. Son una familia muy unida y salen juntos con frecuencia. Los hijos acuden a la sinagoga y pertenecen a un club juvenil judío. Mandy se ha enamorado de un chico al que conoció en una fiesta. No es judío, lo que provoca muchas dificultades a los padres de la muchacha.

De hecho a los padres les cae bien el chico, lo consideran educado y encantador. Se muestra cariñoso con su hija y respetuoso con ellos. Sin embargo, no aceptan la elección de Mandy. Se preguntan por qué no ha encontrado un chico conveniente dentro de la comunidad. Desearían que estuviera integrado en algo que ellos conocen y comprenden. Les gustaría poder otorgarle un lugar en la familia.

Esta situación no es infrecuente. La comunidad puede ser religiosa o geográfica, cultural, económica o racial. A los padres les cuesta comprender que el hijo haya elegido algo desconocido para ellos, sin características específicas que puedan juzgar. En ocasiones se limitan a preguntarse: ¿Cómo es posible que le encuentre atractivo?, lo que se traduce en: ¿Cómo pueden ser sus gustos tan diferentes de los míos? La discrepancia acentúa el hecho de que sois dos seres distintos.

Los adolescentes son conscientes de que, cuando están enamorados, actúan como si hubieran perdido el control. Es posible que sus amigos les tomen el pelo o les sometan a burlas. Shakespeare escribió: «Me asombra muchísimo que un hombre, después de haber visto a otro hombre ponerse en ridículo al dedicar su comportamiento al amor, después de haberse reído de tales locuras ajenas, se convierta en el centro de su propio desdén al enamorarse.»[37]

Muchos adultos enarcan las cejas en señal de desesperación o estupefacción cuando ven las extravagancias de sus hijos enamorados. Tal vez nos resulte divertido y conmovedor, pero para ellos es muy serio. Debemos recordar y aceptar sus sentimientos sin dejarnos engullir por ellos. Un adolescente trastornado por su vida amorosa tal vez busque tu ayuda. Si no soportamos ver su sufrimiento, quizá nos revolvamos contra los que consideramos culpables de su dolor. Tal vez odiemos a la novia que está detrás de todo. Quizá le recomendemos que se olvide de ella, le recordemos que el mundo está lleno de chicas, etcétera. Así pues, actuamos como si ese dolor lo padeciéramos nosotros, en lugar de ayudarle a reflexionar sobre sus sentimientos. Cuando su sufrimiento se convierte en el nuestro, o desata nuestra ira, es duro para él soportarlo. Lo mejor que podemos hacer es prestarle nuestro apoyo y ayudarle a sobrevivir.

LA SEXUALIDAD

Los adolescentes están descubriendo muchas cosas nuevas, en especial la sexualidad. Por lo general rechazan la idea de que sus padres disfruten de ella. Esta parcela de la vida adolescente no se comparte con los padres. Tal vez expresen preocupaciones, pero no del todo, porque ello convertiría la relación en demasiado íntima y existe un fuerte tabú, no sólo contra el incesto, sino también contra los sentimientos y pensamientos incestuosos. Me he referido con frecuencia a los ojos de los padres como espejos en los que el hijo se ve reflejado. Una persona joven no puede explorar su identidad como ser sexual con sus padres. Ha de buscar en otro sitio y quizá se sienta muy aterrado y expuesto al tener que investigar sobre esa parte crucial de sí mismo fuera de casa. Esto no significa que el adolescente ya no se sienta físicamente cerca de sus padres; de hecho, incluso es posible que los abrace de vez en cuando. Para algunos, no obstante, la frontera entre lo físico y lo sexual es muy indefinida, y puede crear una distancia entre ellos y sus padres, lo que se produce sobre todo entre sexos opuestos: padres e hijas, madres e hijos. Una vez más, es importante que los padres se digan «no», que repriman su deseo de proximidad con el chico y le permitan encontrar la distancia que le resulta confortable.

Los cambios físicos exacerban la sensación del adolescente de que no sabe quién es o cuál será su aspecto a la larga. La vulnerabilidad que experimentan nace del hecho de que se ven como seres no terminados. Los chicos no saben qué hacer con su vello facial, que aún no es una barba. Las chicas tal vez descubran un grano en la cara que se les antoja un inmenso cráter, dan por sentado que todo el mundo lo mira y nunca desaparecerá. Algunas partes de su cuerpo crecen, y se ven gordas. La psicoanalista francesa Françoise Dolto se refiere a los sufrimientos de la adolescencia como «el complejo de langosta»,[38] en alusión a la época en que este animal se desprende de su cáscara y queda expuesto y vulnerable mientras se transforma en un ser nuevo. Se están convirtiendo en adultos jóvenes, y el mundo de las experiencias sexuales se abre ante ellos. Una de las maneras que les permiten hacerse una idea de su personalidad está relacionada con la atracción que creen despertar en los demás. Experimentan en su búsqueda de una imagen de quiénes son y de hacia quién deberían sentirse atraídos. Algunos se decantarán por relaciones homosexuales, otros cambiarán de pareja con frecuencia. Estas cosas quizá alarmen a los padres. Es importante observar si se trata de fases transitorias. No debemos dar por sentado que, en un período de tantos cambios, todo es permanente. Tendremos que realizar un esfuerzo para anclarnos en el momento actual y no dejar que nuestras mentes escapen hacia el futuro.

Un adolescente ansioso por obtener la seguridad de ser amado quizá busque en las relaciones sexuales cariño y afecto. La necesidad más infantil de consuelo se mezcla con los ardores físicos de la sexualidad. En esta época muchos caen en manos de aprovechados. Para utilizar la analogía de la langosta, son presa a menudo de congrios, que aguardan la oportunidad de abalanzarse sobre ellos y devorarlos.

Dee, de dieciséis años, era una muchacha muy atractiva y delicada. Sus padres estaban separados. Estaba muy unida a su madre, que murió de repente. Entonces Dee se trasladó al hogar de su padre, al que apenas conocía. La convivencia fracasó, y la acogió otra familia. Pasó de estar sobreprotegida, de ser casi inseparable de su madre, a estar mucho tiempo sola y privada de felicidad. Su necesidad de una figura materna se hacía palpable en las sesiones, y a mí me costaba mucho resistir el impulso de llevarla a casa. Nunca había besado a un chico y hablaba con timidez y vergüenza de su curiosidad por todo lo relacionado con el sexo. Sin embargo, poco después de ser acogida en la otra familia, empezó a mantener relaciones sexuales con hombres mayores, que sin duda se aprovechaban de ella. Aseguraba que necesitaba a alguien que la quisiera, y durante el breve tiempo que duraban sus relaciones se sentía amada y valiosa.

Muchos jóvenes buscan consuelo y un amor incondicional, como el que ofrecen los padres, en sus relaciones sexuales. Cuando aparece el riesgo de que se aprovechen de ellos, su capacidad de decir «no» acude al rescate. Los chicos con una fuerte convicción de que son valiosos y valorados se muestran más enérgicos a la hora de rechazar una relación abusiva. La actitud de sus padres, si se han atenido a los límites impuestos y les han dicho «no» pese a sus protestas y argumentaciones, les proporciona un modelo de que podemos decir «no» a alguien sin dejar de quererle y, a la inversa, podemos recibir un «no» y seguir manteniendo una relación íntima. Se dan cuenta de que un «no» es algo normal en una relación fluida, antes que un golpe mortal.

El adolescente mayor se encuentra en una situación paradójica en lo referente a la sexualidad. Desde un punto de vista legal es mayor de edad, aunque en casa no lo consideren así. Las actitudes ante la sexualidad han cambiado con gran rapidez en los últimos cincuenta años, y los quinceañeros de hoy no se parecen demasiado a nosotros cuando teníamos su edad. Quizá no sean muy maduros emocionalmente, pero su exposición a la sexualidad será mayor que la nuestra, y en algunos casos tal vez consideren ingenuos a sus padres. Una chica de diecisiete años me señalaba lo absurdo que era, en su opinión, que los padres prohibieran a sus hijas dormir en casa de una amiga, debido a la preocupación de que mantuvieran relaciones sexuales. «¡Es como si pensaran que sólo puede ser después de las diez de la noche o en un dormitorio!», exclamó con perplejidad. Los adolescentes mayores, en especial las chicas, suelen agradecer la posibilidad de pedir consejo a sus padres sobre relaciones sexuales. También valoran que la preocupación de éstos demuestre que piensan en sus problemas, en lugar de decirles lo que deben hacer.

Si queremos que nuestros hijos maduren sexualmente (se relacionen cuando les apetezca, digan «no» sin ambages cuando así lo desean), en otras palabras, que se responsabilicen de su cuerpo, hemos de respetar su libre albedrío. Es absurdo que hagan o dejen de hacer algo para acatar el deseo de sus padres. Si la elección está en otras manos, cualquiera puede presionarlos. Estar seguro de la propia elección contribuye a rechazar la presión, sea individual o del grupo. Cuando todos sus amigos hablan de conquistas, un adolescente puede reafirmarse en su decisión e incluso decir que no se acostó con X o Y porque no quiso.

Algunos padres se sienten muy amenazados por la sexualidad emergente de sus hijos. Quizá se sientan viejos, carentes de atractivo, acabados para el sexo. Con frecuencia los pavoneos y acicalamientos de los adolescentes refuerzan esta visión de los padres. A veces éstos no soportan quedar rezagados y se integran en modas o grupos adolescentes. Vemos a madres e hijas, o padres e hijos, codo con codo como si fueran hermanos. Puede ser divertido de vez en cuando, pero no sirve de gran cosa, pues no permite al hijo independizarse, ni a los padres concederle la independencia. Es una pura ficción pensar que son iguales. Son pactos a los que se llega con el fin de apaciguarse mutuamente, por temor a un conflicto. Ambos temen la envidia de los padres. Para que el adulto en ciernes florezca, necesita creer que cuenta con la bendición de los padres, que les alegra verle desarrollarse en belleza y madurez. Recibirán los límites impuestos en función de la motivación que los impulsa. Si decimos «no» con el deseo de castrarlos o por celos, tal vez obtendremos a cambio mentiras y una actitud reservada por parte del chico. Si nos mueve el deseo de proteger, ofreceremos apoyo.

ACEPTAR LA DIFERENCIA

Tener un adolescente en casa puede transformar la vida de todo el mundo. Si damos la bienvenida a su nuevo papel, nos invadirán hordas de jovencitos, mucho ruido y montones de bocas hambrientas. Otra posibilidad es que esté ausente durante largos períodos de tiempo y te proporcione escasa información sobre sus actividades. No cabe duda de que el problema de los límites causará fricciones. ¿De quién es la necesidad que se impone? Si estamos de acuerdo en que necesita formar parte de un grupo y deseamos que goce de libertad para hacerlo cerca de nosotros, habrá que aguantar algunos inconvenientes. ¿Qué opinarán los demás miembros de la familia? ¿Se sentirá el hijo menor terriblemente aislado al ver a su hermano rodeado de gente? ¿Interfiere el ruido y el desorden en el trabajo o tiempo de ocio de los padres? ¿Quién dice «no» a quién? Si sale mucho, ¿cómo soportas ser excluida?

Volvemos a la necesidad del equilibrio. Si aceptamos los cambios en su vida social, alentamos al adolescente a quedarse cerca sin sentirse atrapado o perseguido. También debemos estar preparados para verle muy diferente de lo que era y diferente de nosotros. Ha de descubrir quién quiere ser.

Ricky, de dieciséis años, fue enviado a una psicoterapeuta infantil porque sus padres pensaban que estaba «loco». Explicaban que se vestía de manera extravagante, era muy cerrado, no respetaba las normas de casa, salía hasta muy tarde, no observaba las reglas de la escuela, era desordenado... Así pues, la terapeuta esperaba ver a un monstruo. Cuando lo conoció resultó que Ricky era el típico adolescente, vestido con ropa de colores chillones y algo excéntrica. Habló con ella con franqueza, en clara contraposición con la visión que sus padres tenían de él. Opinaba que era como la mayoría de sus amigos. Al entrevistarse con la familia al completo, la terapeuta se formó una imagen más clara. Ricky era el menor de tres hermanos, diez años más joven que el siguiente. Los padres eran algo mayores, y ambos eran hijos únicos. Se habían implicado más en la vida social de los dos hijos mayores, conocían a sus amigos, cómo se comportaban, y también habían hablado con otros padres. Cuando conversó con ellos, la terapeuta quedó impresionada por lo alejados que se sentían de su vida adolescente y la de sus otros hijos. Habían perdido todo contacto con ella. Habían sido bastante dóciles en la adolescencia, y les costaba comprender a Ricky. Se sentían heridos y despreciados por él. Además era el bebé de la familia, por así decirlo, y a todo el mundo le resultaba difícil dejarle crecer.

Con ayuda, los padres de Ricky llegaron a verle como un chico deseoso de privacidad, en lugar de cerrado, y aventurero en lugar de loco. Comprendieron que se sentían amenazados por lo que consideraban sus costumbres indómitas, cosa que no habría sucedido de haber sido más jóvenes o si hubieran tenido amigos con hijos de edad similar. Aunque con la terapia se sintieron más tranquilos acerca de Ricky, debían enfrentarse ahora a la tarea de adaptarse a una nueva edad, de asumir sus propias dificultades, en lugar de explicar sus problemas en función de la locura de Ricky. Como ya tenían dos hijos mayores, era difícil volver a empezar. Cuando Ricky era más pequeño, los otros dos ayudaban a cuidarle. Ahora los padres se sentían muy solos, inquietos y resentidos. Habría sido más cómodo para ellos pensar que todo era problema de Ricky.

La adolescencia puede remover muchas angustias en los adultos, temor a comportamientos indómitos, a la falta de control. Para los padres a quienes estos problemas les superan, un adolescente es como un gato entre palomas. El infierno se desata. Se sienten alarmados y, en lugar de analizar sus miedos, consideran a su hijo el causante de todas sus preocupaciones, por mucho que sea un simple adolescente de lo más normal. Sin la ayuda de su terapeuta, Ricky tal vez habría acabado aceptando la imagen que se habían formado de él y actuado como un loco.

Si no se permite al hijo demostrar lo que vale, poner a prueba los límites fijados en casa, lo hará en otra parte.

Jason, de catorce años, es hijo único. Su madre le tuvo a los dieciséis años. Es muy agresivo en el colegio, le expulsan continuamente por su mala conducta y siempre se mete en líos. En casa, la señora A es muy estricta y no para de decir «no». Durante la semana no le deja ver la tele ni salir, ha de acostarse pronto, etcétera. Jason es obediente en casa, y rebelde en el colegio. En las sesiones con su terapeuta la señora A reconoció que se arrepentía de haber tenido a Jason tan pronto y cuánto había echado de menos su adolescencia. Ahora que Jason era mayor, salía mucho sola y se divertía. Su hijo obedecía sus normas, aunque ella no estuviera en casa. Por lo visto sólo actuaba como un delincuente en la escuela. En las sesiones conjuntas la señora A quedó sorprendida al oír que Jason estaba muy preocupado por su bienestar. Se sentía responsable, en muchos aspectos, de su felicidad. No podía desobedecerla o quejarse porque creía que ella no lo soportaría. Había percibido con mucha precisión que la necesidad de imponer normas estrictas era la forma en que su madre se defendía del caos, de modo que obedecía. El hecho de que hablaran entre sí fue muy positivo, la señora A encontró cierto apoyo, y Jason logró deshacerse de parte de la carga.

Se trata de una situación muy común, en que el niño adopta el papel de padre en casa, pero sin tener otro lugar donde exorcizar su rebeldía, angustias y dificultades. El deseo de los padres de mantener el *statu quo*, de no cambiar su vida en exceso, entorpece el desarrollo del adolescente. Los padres han de decir «no» a su deseo de que todo siga igual para abrirse al cambio y a la disonancia.

Los señores D nos visitaron a mí y una colega porque les preocupaba que su hija de quince años, Sharon, robaba. No eran ricos y vivían en una zona de la ciudad muy deprimida. Aunque invitamos a toda la familia (la madre, el padre y las hermanas, Tracy, de dieciocho años, y Sharon, de quince), el señor D sólo acudió dos veces. Estaba marginado en el hogar, que dominaba la señora D. Ésta y Tracy tenían un parecido sorprendente; lucían numerosas joyas de oro en las orejas y los dedos, llevaban el pelo inmaculadamente peinado, mallas ceñidas y chaquetas de cuero. Ambas eran muy parlanchinas, vivaces y dominantes. Era evidente que dilapidaban mucho tiempo y dinero en su apariencia y que se lo pasaban bien juntas. En contraste, Sharon era obesa, zarrapastrosa y hosca.

La señora D y Tracy procedieron a enumerar los defectos de Sharon y ocuparon todas las sesiones con la letanía de sus fechorías y la exasperación que les provocaba. Hablaban como una sola persona, añadían ejemplos a las quejas de la otra y adornaban con detalles lo que semejaba un punto de vista único. En cuanto empezamos a sondear, no obstante, quedó claro que en aquel hogar era muy difícil sostener una opinión contraria a la de la señora D. Su esposo prefería ausentarse, ya que no física, sí al menos emocionalmente. Salió a la luz que Tracy pasaba todo su tiempo libre con su madre. Tenía un trabajo, que empezaba a una hora muy temprana y al que su madre la acompañaba en coche, y quedaba libre a media mañana para pasar el resto del día en casa. No le interesaba tener amigas de su edad y prefería salir a mirar escaparates o al gimnasio con su madre. La cultura aceptada de la familia era que mamá siempre tenía razón.

Sharon se rebelaba como podía, robaba a la señora D, regalaba la ropa de su hermana, desordenaba su habitación, dejaba prendas sucias y comida debajo de su cama... Era como si no pudiera encontrar otra forma de diferenciarse. Tenía que ser igual, o todo lo contrario. Si bien al principio su caso nos pareció el más preocupante, a la larga nos alarmó mucho más Tracy. Sharon se comportaba como una delincuente, pero intentaba establecer una especie de independencia. Sus síntomas eran una consecuencia de las relaciones familiares. Consideramos que, si lográbamos ayudarla a que no cediera terreno y encontrar una manera más aceptable de ser diferente, saldría bien librada.

Por su parte, Tracy se había atrincherado en una forma de ser, como una gemela o un clon de su madre, y no mostraba deseos de cambiar. Había escasas diferencias entre ambas, como si las dos fueran adolescentes o madres (de la desagradable Sharon), y nos preocupaban las futuras relaciones de la muchacha.

Sabemos que es posible odiar a los que amamos, pero tal vez nos cueste mucho admitirlo. Un modo de exorcizar estos sentimientos es separarlos para poder pensar que X es maravilloso, mientras que Y es terrible. Es una forma habitual de convertir en «buenos» a los que amamos. Para Tracy, ser como la señora D e idealizarla al tiempo que rechazaba a su hermana por ser tan diferente era una forma de no despegarse de la madre. De hecho, cuando empezamos a concentrarnos poco a poco en Tracy, sin sumarnos a las arengas y filípicas contra Sharon, la familia renunció a la terapia. Tracy y su madre tenían mucho que perder si nos dirigíamos a ellas por separado. No obstante, durante ese breve período de tratamiento Sharon ganó algo de confianza, se matriculó en algunas clases y consiguió un empleo para el verano.

Este caso ilustra las dificultades de funcionar como una

persona diferente de un padre. Por otra parte, las normas religiosas y culturales también pueden reforzar el apremio a conformarse, a ser igual. No aceptar formas diferentes de ser resulta siempre costoso, tanto para el individuo como para la familia. Hay que pagar un precio.

Al igual que el niño pequeño se incorpora y cae una y otra vez, o el chico de nueve años insiste en hacer los deberes sin ayuda por más que le cueste, el adolescente necesita salir al exterior, probar las cosas y averiguar qué le gusta y qué no, qué desea para él. Quizá sea preciso que caiga y vuelva a levantarse, como cuando era pequeño. Los padres temeremos que se haga daño o lo cause a los demás. Le ofreceremos ayuda como antes, pero ahora ya no podemos reprimirle mucho. Nuestra comunicación es menos concreta y física, debe buscar la reflexión.

En los ejemplos de Tracy y Ricky hemos observado que los padres eran incapaces de aceptar las diferencias que veían en sus hijos. Tal resistencia al discernimiento implica que existen elementos muy frágiles en la personalidad de los padres. La mayoría reacciona de una manera menos extrema, pero nadie es inmune a tales reacciones. Si el padre siempre va al trabajo con traje, no comprenderá por qué su hijo no se pone corbata para acudir a una entrevista. Quizá se sienta irritado por haber tenido que plegarse a ciertas normas durante toda su vida. ¿Por qué su hijo puede saltárselas? ¿Significa que sus esfuerzos no han servido de nada? O peor todavía, ¿significa que lo que era válido para él ya no lo es? ¿El valor de su experiencia es nulo? En estos casos, lo que transpira entre padre e hijo no está relacionado con si éste debería o no llevar corbata, sino con la autoestima.

Cuando un hijo adopta una apariencia y actitud diferenciadoras, tal vez lo interpretemos como un comportamiento crítico y de rechazo. Algunos lo encontrarán provocador y desdeñoso. Para la gente convencida de que existen pocas variaciones en lo que es aceptable, cualquier divergencia se experimenta como una amenaza. Los extremos de esta postura se traducen en xenofobia, racismo y fanatismo religioso. Si crees que existe una sola verdad, otro punto de vista representa un desafío, no una contribución. Todo depende de dónde empiezas. Recuerdo muy bien las reacciones de mi madre y mi abuela a que los chicos se dejaran el pelo largo en los sesenta. Mi abuela estaba alarmada, opinaba que parecían sucios y que no se podía distinguir a los chicos de las chicas. Mi madre afirmaba que tenían un aspecto mucho más dulce y noble. ¡Le recordaban a los mosqueteros!

La manera en que recibamos las modas y formas de comportamiento nuevas influirá en el desarrollo del adolescente. Cuando adopta un aspecto, lenguaje o actitud nuevos, no espera que nos gusten. Lo hace para complacer a sus amigos, no a nosotros. Si su intento de asumir una postura individual no produce la menor reacción, si le aceptamos sin más, quizá piense que no le prestamos la menor atención. Es como si su esfuerzo por indignar se pasara por alto. El delicado equilibrio que debemos alcanzar consiste en reaccionar de modo negativo cuando el objetivo es ofender, pero sin que se sienta rechazado. Tal vez desee que el estilo nos repugne, pero es fundamental que el hijo nos guste. Si desdeñamos a nuestro hijo cuando prueba formas de ser lo que nosotros nunca habíamos soñado, si decimos «no» a las identidades que va adoptando, no le haremos ningún favor. Un adolescente a quien se rechaza de manera sistemática por ser diferente interrumpirá su desarrollo para ser aceptado, se rebelará de manera radical o buscará aceptación en otra parte.

UNO DE LA BANDA

Un rasgo preocupante de la adolescencia es que muchos chicos tienden a integrarse en banda. Esta actitud surge de la necesidad de pertenecer a algo, de sentirse a salvo. Viene a la mente la letra de *West Side Story*, cuando describe a la banda llamada los Jets.

> *Cuando eres un jet,*
> *eres un jet a tope,*
> *desde tu primer cigarrillo*
> *al último día de tu vida.*
> *Cuando eres un jet,*

si surgen problemas
acuden los hermanos;
eres un hombre de familia,
nunca estás solo,
nunca estás desconectado.
Estás en casa con los tuyos.
Cuando se espera compañía,
estás bien protegido.

Extracto de *Jet song*
(Bernstein/Sondheim)[39]

La banda es una defensa, un grupo capaz de hacerte sentir que tienes un lugar donde siempre eres bienvenido. Las bandas suelen funcionar a base de excluir o estar contra otros. La identidad de los que pertenecen a ella se vincula a la obligación de salir en defensa de los compañeros, lo que consigue que cada miembro se sienta importante.

Cuando eres un jet,
pequeño, eres un hombre,
pequeño, eres un rey.

La banda suele ser un refugio para los hijos convencidos de que carecen de un lugar por derecho propio, o de que no tienen lo que necesitan en casa. Lo buscan en otra parte. Por desgracia la banda no es una unidad flexible, interesada en desarrollarse, como debería ser una familia. Es una unidad defensiva, cuya finalidad consiste en proteger a sus miembros del dolor y la inseguridad. Al contrario que el grupo social descrito en los apartados anteriores, donde el contacto con otros permite explorar distintos aspectos de uno mismo, la banda es una estructura rígida. En ella, las diferencias no son ventanas abiertas a la vida de las personas que podrían ayudarte a examinar y probar otras formas de ser. Encuentran resistencias fuertes y aterradoras. La diferencia se ve como una amenaza o un desafío. Has de estar integrado; de lo contrario, eres el enemigo.

La banda permite deshacerse de la aflicción traspasándola a otros. Los hijos convencidos de que carecen de una base segura en su familia tal vez intenten aplacar este sentimiento mediante el expediente de excluir a los demás, para que sientan el dolor de la inseguridad. Los chicos cuya experiencia con los padres ha sido dolorosa, aunque no fuera ésa la intención de éstos, se protegen adoptando el papel de agresor. Más que experimentar dolor, lo infligen. Se obstinan en esquivar el sufrimiento y la sensación de vulnerabilidad. La banda sirve para fomentar una pseudoindependencia, la creencia de que está bien, no necesitan a nadie más y todas las demás formas de ser son estúpidas. No obstante, con esta actitud restringen su mundo y no pueden aprender de adultos bienintencionados o de sus iguales.

Si vemos que nuestros hijos se integran en una banda y permanecen en ella demasiado tiempo, quizá necesitemos luchar para que vuelvan al hogar. Tal vez debamos cuestionarnos qué sucede en casa que les aleja de ella. Aunque es importante alentar la exploración, proporcionar a los hijos una base segura desde la cual aventurarse al exterior, la adolescencia es un período vulnerable. Todas las enfermedades psiquiátricas graves se sedimentan en esta etapa. Es un período en que los desórdenes alimentarios, las enfermedades depresivas, la adicción al alcohol y las drogas y la delincuencia pueden arraigar.

EXTRAVIARSE

No podemos permitirnos hacer la vista gorda cuando nuestros hijos se involucran en cosas desagradables. Como en el caso de los niños pequeños que se convierten en tiranuelos y matones, es fundamental que los padres tomen una postura, que hagan lo imposible por impedir que su hijo se comporte de una forma destructiva para él y los demás. Quizá nos monten una escena, pero en general los chicos agradecen que sus padres apoyen sus cualidades positivas y les disuadan de sabotear su vida. Esto se aplica a todo comportamiento autodestructivo, como la drogadicción o los trastornos de la alimentación. Los padres necesitan reafirmar su papel de persona que está a cargo de la familia, fijar límites y, si es necesario, buscar ayuda externa para solucionar problemas que parecen imposibles de superar.

Tal vez resulte difícil decidir si se trata de una rebeldía normal o de algo patológico. Como hemos visto antes, el adolescente puede sentirse descontrolado por motivos normales. En gran parte su comportamiento pretende obligarte a actuar, preocuparte, para que te muestres más firme. Los límites de este libro impiden examinar con detenimiento la patología. No obstante, por lo general, el adolescente que necesita ayuda externa te alarmará muchísimo. La hija que llega a casa con el pelo azul y un *piercing* en la nariz, pero se muestra alegre (o malhumorada) como de costumbre, causará menos preocupación que la que conserva su aspecto habitual pero siempre es desdichada, carece de sentido del humor, de *joie de vivre*.

Casi todos los adolescentes pisan el terreno de la delincuencia en algún momento: fuman marihuana, son algo promiscuos (me refiero a cantidad más que a encuentros sexuales completos), mienten a los padres, desafían las normas, etcétera. Son las provocaciones normales de la adolescencia. Has de preocuparte cuando las actividades realizadas para obtener una breve emoción, o para divertirse, adquieren tintes más sombríos, cuando el adolescente parece querer borrar los sentimientos o la necesidad. Entonces, la práctica de la delincuencia posee una cualidad adictiva, parece compulsiva, y da la impresión de que el chico nunca se ha sentido mejor.

Si sospechas que tu hijo sufre una angustia desmedida, o la experimentas tú, te preocupa su salud e incluso su vida, como en el caso de la drogadicción o la anorexia, es esencial que busques consejo. Si le ofreces un lugar seguro en tu hogar, si tienes claro que, pase lo que pase, tú eres la madre y él el hijo, pero las preocupaciones son insoportables, no te avergüences (porque de hecho indica valor) de buscar ayuda. Has de estar preparada para pensar en tu papel en la constelación.

REALIZAR NUESTROS SUEÑOS

El adolescente que va camino de convertirse en un adulto suele cargar con los sueños de sus padres. Quizá deseen darle lo que nunca tuvieron, pero también esperan que llegue a ser lo que deseaban para sí. Es algo habitual en los últimos años de la adolescencia. Se trasluce más en relación con el trabajo académico, la elección de materias, universidad o carrera. El joven, si es lo bastante fuerte, recordará a los padres que es él quien ha de hacer el trabajo, no ellos, y que deberá vivir con su elección. En este caso el hijo dice «no» a los progenitores. De hecho, incluso algunos adultos sienten el peso de las expectativas de sus padres cuando procuran darles lo que esperaban.

Arish, de quince años, procede de una familia de clase media. Es un chico muy brillante, y todos esperan que saque muy buenas notas en el bachillerato. De hecho el curso pasado obtuvo sobresaliente en todas las asignaturas. Sus padres abrigan grandes ambiciones respecto a sus hijos, en especial sobre Arish, porque va muy bien. Arish fue enviado a la terapeuta porque se deprimía mucho, expresaba ideas autolíticas, había dejado de comer, no podía concentrarse y dormía mal. La familia estaba muy unida, y los padres se sentían muy preocupados. Siempre había sido un chico muy «bueno», que se había esforzado al máximo y respondido a las demandas paternas. Nunca había sido revoltoso o rebelde. Cuando se habló con la familia, salió a relucir que Arish se sentía sometido a una enorme presión. Creía que nunca era lo bastante bueno. Pese a sus éxitos, estaba convencido de que lo podía hacer mejor. Habló de su depresión después de recibir las notas, cuando su padre le preguntó por qué no había conseguido matrícula de honor.

Sus padres quedaron muy impresionados al enterarse de la tensión que había sufrido. No habían sido conscientes de ello, y a partir de aquel momento llevaron a cabo un enorme esfuerzo para no contribuir al padecimiento del chico. También alentamos a Arish a reconocer su parte de culpa en el problema, el hecho de que no les había informado sobre su estado de ánimo. La terapeuta les ayudó a pensar en formas prácticas de salir y pasarlo bien juntos, de no preocuparse tanto por el trabajo, con el fin de que iniciaran el diálogo. En las sesiones Arish logró verbalizar por primera vez la ira que le provocaba la posición que creía ocupar, por ser responsable de hacer realidad los sueños de sus padres. Éstos admitieron que tenía razón y abordaron la situación desde un punto de vista diferente. Arish también cayó en la cuenta de que podía hablar de su irritación, disgusto e ira sin abrumar a sus padres. Muy pronto, su depresión y pensamientos suicidas desaparecieron.

Hemos visto otra forma de presión, cuando los padres intentan seleccionar a los amigos y amores de sus hijos. Corremos el riesgo de implicarnos en exceso y debemos decir «no» a nuestro deseo de determinar con quién deben relacionarse. De lo contrario, tal vez les robemos la oportunidad de descubrir por sí mismos si ésa es la persona con quien quieren estar. Muchos padres se encariñan con un novio o novia al que consideran de lo más apropiado, refuerzan la elección del hijo y después se disgustan si rompen. Quizá prosigan el contacto con el ex novio y dificulten que el hijo siga adelante y lleve a cabo otras elecciones. Una vez más, la pregunta importante es ¿de quién es la vida? Quizá no seamos conscientes de que vivimos a través de nuestros hijos, tal vez pensemos que sólo deseamos lo mejor para ellos. Tiene que existir una distancia entre nosotros, un espacio que nos permita obtener cierta perspectiva. Tal vez deberíamos esperar un poco antes de ofrecer sugerencias, dejar un resquicio en el que puedan expresar sus deseos.

UNA SEGUNDA OPORTUNIDAD

Dada la intensidad de las emociones durante la adolescencia, puede ser una oportunidad para solucionar resentimientos o heridas que han sido sepultados. En la infancia, cuando los niños quieren estabilidad y se abstienen de remover los problemas, la dinámica de ciertas familias queda arraigada. Con los cambios de la adolescencia, las cosas que parecían bloqueadas vuelven a moverse.

Maria, de diecisiete años, me visitó porque estaba muy deprimida y le costaba mucho estudiar. Había nacido con una grave malformación, había sufrido muchas intervenciones desde su nacimiento y seguía pasando de vez en cuando por el quirófano. Parecía acostumbrada a su impedimento, y pensaba que a veces avergonzaba a los demás más que a sí misma. En las sesiones dedicamos mucho tiempo a hablar de su relación con su madre. Creía que ésta la odiaba. La había pegado con mucha saña de pequeña, y Maria había vivido temporadas fuera de casa, con su padre y, en una ocasión, con una amiga de su madre. Estaban juntas de nuevo, y los problemas empezaban a repetirse.

Tras haberme enterado de los primeros traumas, cuando Maria pasaba tanto tiempo en el hospital, me pregunté hasta qué punto había dañado esta circunstancia la relación con su madre. Por lo general los adolescentes no van acompañados a sus sesiones de terapia, pero di el paso poco frecuente de ver a madre e hija juntas, como si fuera más pequeña. Tal como sospechaba, los primeros años habían sido horribles para ambas. Nunca habían hablado del tema y ambas habían creado mitos en su mente sobre cómo se sentía la otra. Habían tejido su propia experiencia sobre el significado de la historia. Había llegado el momento de examinar la realidad.

Maria quedó impresionada al oír que su madre había llorado cuando las separaron. En aquella época sólo se permitía a las madres visitar el hospital durante breves minutos. La señora N contó que había sobornado a las limpiadoras para que la dejaran esconderse en el baño, con el fin de colarse en la habitación y pasar más tiempo con Maria. Habló del miedo que había albergado sobre la futura capacidad de Maria para caminar, de que había empujado su silla de ruedas durante años. La imagen que Maria alimentaba de su madre, alejada y aborrecible, se transformó. De forma similar Maria, a quien su madre siempre había considerado distante, remisa a los abrazos o mimos, expresó su deseo de intimidad, pero también su miedo al rechazo. Era como si durante todos esos años hubieran vivido con una imagen monstruosa de la otra, sin ser capaces de verbalizarla. Cuando escucharon sus experiencias, iniciaron el camino de la reconciliación.

Necesitarían mucho tiempo y no sería fácil. Habían sucedido demasiadas cosas, pero se había producido un cambio decisivo en la percepción de cada una. No cabía duda de que Maria se sentía herida y abandonada, pero comprendió por primera vez que su madre no había querido herirla y también había sufrido muchísimo.

Este ejemplo demuestra que es posible romper pautas establecidas durante años, si es el momento pertinente y la gente está abierta al cambio. No puedo evitar preguntarme qué habría significado para Maria y su madre una política de puertas abiertas del hospital. El motivo de que no permitieran a los padres visitar con toda libertad a sus hijos residía en que se les consideraba una molestia para los pequeños pacientes, que multiplicaban sus demandas en su presencia y protestaban cuando se iban. James y Joyce Robertson,[40] pioneros de la investigación sobre los efectos de la separación en niños pequeños, causaron un tremendo impacto en los hospitales infantiles al demostrar el efecto negativo de no permitir a los padres visitarles. Sus impresionantes documentales de los años cincuenta pusieron de manifiesto que era mucho más difícil para el personal atajar el disgusto cuando los padres se marchaban, y para los padres dejar a un hijo que lloraba, pero para el niño la experiencia resultaba más soportable si los padres estaban presentes. Si no se le concede esta oportunidad, es posible que el niño reprima sus sentimientos, se recluya en sí mismo y se deprima, o actúe de formas que sublimen el sentimiento, como pegando a otro niño o rompiendo los juguetes. Soportar la aflicción del niño es fundamental para acostumbrarse a la separación y preparar el terreno en previsión de otras futuras. Demuestra que es posible sobrellevar experiencias difíciles y sobrevivir a ellas, y que podemos idear estrategias para superarlas.

También en la adolescencia surgirán dolorosos aspectos referentes a la separación y la individualización. Si los soslayas, ocultas o reprimes, almacenas problemas para más adelante. Por ejemplo, una persona que nunca experimentó en la adolescencia puede llegar a tener envidia de su hijo adolescente, o identificarse con él y anhelar desmelenarse. Esto podría conducir a mantener relaciones extramatrimoniales. O quizá desarrollara una secreta rebeldía cuando era joven, dirigida a no desafiar de una forma abierta a sus padres, lo que se convierte en una pauta de actuación durante toda la vida. Es más fácil superar la dificultad cuando surge.

RESUMEN

La adolescencia es una época de grandes transformaciones. Los padres también han de cambiar. En esta etapa nuestros hijos necesitan sentirse seguros en casa para contar con una base desde la cual salir a explorar el mundo. Necesitan saber que son queridos y que se confía en ellos cuando se aventuran al exterior para encontrar una nueva identidad. Gran parte de su rebeldía y desafío está relacionado con su necesidad de separarse de ti, con la búsqueda de su propia forma de ser, lo que de manera inevitable provoca conflictos y penas, pues ambas partes se sienten incomprendidas y desdeñadas a veces. Para los padres, esta maduración representa en ocasiones una terrible pérdida, de su papel, de su identidad, así como de su hijito. Se siente la distancia como un abismo infranqueable. Esta lucha por ser diferente, por separarse, proporciona a la larga al adolescente la confianza y autoestima de ser fuerte y creativo en el mundo, además de permitirle entablar relaciones positivas con los demás. Que aceptes y alientes esta libertad de maduración le hace desear estar cerca de ti.

EPÍLOGO

PAREJAS

En el amor, sólo hemos de practicar esto: conceder libertad al otro. Porque retener es fácil. No nos hace falta aprenderlo.

Rainer Maria Rilke,
Réquiem por un amigo[41]

Al concluir este libro sería reconfortante pensar que, tras haber analizado con detenimiento el problema de decir «no», haciendo especial hincapié en nosotros como padres, hemos llegado al final de la historia. Sin embargo, ya te habrás dado cuenta de que toda la cuestión gira en torno a procesos, a relaciones en curso. Por consiguiente, nos enfrentamos a similares sentimientos y preocupaciones en todas las esferas de nuestra vida: en nuestros matrimonios, parejas, con nuestros padres y con los compañeros de trabajo.

Me he referido brevemente a la dificultad de las parejas para ponerse de acuerdo respecto a sus hijos. Es difícil en ocasiones decir «no» al otro, expresar nuestro punto de vista al tiempo que se negocia una solución común. Tal vez cada uno deba afrontar los problemas de forma individual con el fin de evitar el conflicto, aun a sabiendas de que un frente unido es positivo. Hay muchas ocasiones en que nos enzarzamos en esta lucha, y no todas están relacionadas con ser padres. Me gustaría echar un breve vistazo a algunos de los temas que he tratado, pero por lo que se refiere a nuestra relación de pareja, aparte de los hijos.

EL «SÍ» COMO DÁDIVA

Muchas personas desean complacer a su pareja, ofrecer algo único y especial. Una de las formas de hacerlo es dándoles la razón, apoyándoles, mostrándonos optimistas con sus proyectos. Hablamos de nuestra «otra mitad», de ser una «unidad», alabamos y envidiamos a los que nunca se separan, están unidos, son compañeros del alma. En este retrato de la pareja ideal hay poco reconocimiento del valor de decir «no», de ser diferente. Como con el crecimiento de los niños, no cabe duda de que, en una pareja, un gran grado de afinidad, de complicidad, proporciona placer, fomenta el afecto y alimenta la maduración. Aporta una base segura. Sin embargo, creo firmemente que también es necesario un espacio, un resquicio entre las personas, para que puedan desarrollarse de verdad. Un convólvulo, aunque se enrolle alrededor de otra planta, no la apoya, sino que la oprime y, en ocasiones, la asfixia.

Decir siempre «sí», aunque en verdad estés totalmente de acuerdo con tu pareja, tal vez os haga creer que no existen diferencias entre los dos. Esto puede significar un consuelo a veces, pero la vida se torna muy estática, con poco movimiento. Si se produce un cambio en la pareja, puede interpretarse como una terrible decepción, la ruptura de un pacto no verbalizado. En ocasiones provoca terribles consecuencias, y la pareja se separa.

La otra trampa consiste en decir siempre «sí» porque deseas complacer, aunque disientas. Eres feliz de ofrecer al otro algo que le da placer: tu «sí» es una dádiva. Sin embargo, si ésta es tu actitud habitual, tal vez termines resentido, además de convertirte en una persona predecible. Entonces rezongas, te irritas y culpas al otro; hago tantas cosas por él/ella y nunca lo reconoce, piensas. De hecho has sido tú quien eligió esta política. Eres responsable de tus actos.

Quizá te preocupe causar disgustos, así como las consecuencias para ambos, o bien no desees sentirte mezquino, egoísta, antipático. Quizá no quieras ver decepcionada, irritada o colérica a la persona amada. Por lo tanto, evitas el enfrentamiento. De hecho, decir «no» puede ser liberador para ambos miembros de la pareja. Estimula puntos de vista divergentes, ofrece la oportunidad de cambios. Si expresas tu opinión, abres las posibilidades de encontrar un acuerdo mutuo que respete la individualidad de los dos y al que se llega por consenso, sin que uno haga suposiciones sobre el otro. También descubres que se puede disentir sin perder la proximidad. Al decirte «no» das permiso a los otros para decir también «no».

LA SALA DE LOS ESPEJOS

Hemos visto que nos formamos una imagen de nosotros cuando nos vemos reflejados en los ojos de los demás. Éste es el caso de las parejas. La imagen consigue que nos sintamos el ser más maravilloso de la Tierra, o bien puede causarnos una gran aflicción. A muchos nos molestará la forma en que nos percibe nuestra pareja, sobre todo cuando no coincide con la visión que tenemos de nosotros mismos. «Siempre me deja como un trapo», «Se cree que trabajo para divertirme»... son quejas frecuentes.

Si iniciamos una clase particular de interacción, quizá empecemos a dudar de nuestra idea de nosotros. Una esposa que expresa un punto de vista y cree que su marido le contesta como si le hubiera atacado, tal vez desista y se retracte. De manera similar, si a un hombre que se siente vulnerable y abandonado se le trata como a un niño mimado, quizá reaccione de una forma infantil. Es muy doloroso verse minusvalorado a los ojos de los demás, porque disminuye la confianza en uno mismo. Resulta difícil conservar la autoestima, y más fácil creer en la imagen que se nos ofrece. Como adultos, cuando nos vemos reflejados de un modo que no nos gusta, nos replegamos en nosotros mismos para descubrir si esa visión coincide con otras experiencias del pasado. Esto nos hará más o menos flexibles cuando nos sentimos heridos. Obtendremos una capacidad mayor o menor de decir «no» a una imagen de nosotros que no creemos acertada.

Otra distorsión que influye en nuestra relación de pareja es lo que ocurre a veces durante una ausencia. Ambos tenemos en la mente una imagen del otro, lo que puede despertar fuertes sentimientos cuando no estamos juntos.

Diane y Henry discuten a menudo y ambos se sienten menospreciados por el otro. Aunque siempre procuran cenar juntos después de acostar a su bebé, suelen temer lo que dará de sí ese rato de tranquilidad. Cuando se acercaba la hora de que Henry llegara a casa, ambos imaginaban el humor del otro y preveían los problemas. Diane, que había pasado todo el día en casa con el bebé, tenía ganas de ver a Henry y charlar sobre lo que ella consideraba el «mundo exterior», pero suponía que él estaría cansado de trabajar y querría desplomarse delante de la tele. Sospechaba que se mostraría distante y concentrado en sus cosas. Por su parte, Henry, agotado tras la jornada laboral, presumía que Diane se sentiría fatal y deprimida por quedarse en casa, y ya estaba irritado con ella.

Cuando se encontraban, ambos iban cargados de imágenes muy negativas del otro. Al hablar de con cuánta frecuencia surgían dificultades en esas horas nocturnas descubrimos que cada uno reaccionaba a la «persona en mente» al final del día, con independencia de su verdadero humor. La fantasía del otro sustituía a la realidad. Cuando se reunían, no conseguían ver que el otro era muy diferente del que habían imaginado. Por ejemplo, Henry tal vez tenía muchas ganas de compartir una cena plácida y hablar con su mujer. Por su parte, Diane tal vez había pasado un día muy agradable y se sentía descansada y entusiasta ante la perspectiva de compartir la velada con él. El trabajo con esta pareja consistió en hacerles tomar conciencia de la brecha entre la persona que esperaban ver al final del día y la que encontraban en realidad. Tenían que suspender todo juicio y esperar a comprobar la realidad del otro. Cada uno debía asumir la responsabilidad de lo que hacía con su pareja en su imaginación, por ejemplo, convertirla en alguien diferente. Todos lo hacemos hasta cierto punto.

FANTASMAS

Un método que permite comprender esta distorsión consiste en examinar lo que se interpone entre nosotros y una clara visión de la pareja.

Raj trabaja muchísimas horas. Siempre ha sido un triunfador y pone el listón muy alto. Su padre era un hombre muy exigente, y Raj creía que nunca estaba satisfecho. Además, suponía que su padre esperaba que consiguiera todo cuanto él no había logrado. Esto había representado para él una carga muy pesada, sobre todo en la adolescencia. En su matrimonio, Raj se pone con mucha frecuencia a la defensiva cuando cree que su mujer le exige algo. Le retrotrae a la infancia y se siente muy agobiado, como si no valoraran sus esfuerzos, y cuanto más hace, más se le exige.

Fiona fue a un internado, donde sus compañeras la sometían a toda clase de vejaciones. Aunque comentó con timidez a sus padres lo que estaba pasando, o no la escucharon o prefirieron no intervenir. Se convirtió en una adulta reservada y apocada, que no hablaba de manera espontánea. Si bien está felizmente casada, le cuesta disentir de Simon, su marido, y oponerse a sus demandas. Su esposo se da cuenta de que está disgustada a menudo, y de que su enfado tiene que ver con él, pero no sabe por qué. Cuando se producen desacuerdos, Fiona rememora cuando la atormentaban y tiende a acobardarse y ceder. Entonces, reacciona como si Simon fuera una de sus antiguas compañeras, no el marido que sólo discrepa de su opinión.

Estos ejemplos demuestran que los fantasmas de la habitación de los niños, descritos en el capítulo 1, nos persiguen durante toda la vida. En determinados momentos personas del presente resucitan nuestros fantasmas del pasado. Por ejemplo, en el caso expuesto antes, Henry procedía de una familia en que la madre solía estar enferma y deprimida. Siempre que Diane estaba afligida, se sentía muy angustiado, más de lo razonable. Era como si su desdicha la convirtiera a sus ojos en la madre deprimida de su recuerdo infantil. De esta forma su imagen de Diane se distorsionaba, y reaccionaba a algo más que su comportamiento.

De forma similar el espejo distorsionador del pasado alteró la imagen que Raj y Fiona tenían de su consorte. El primero reaccionaba como cuando era un adolescente, agraviado por la presión a que le sometían. La segunda se acobardaba y replegaba como cuando era niña. Los dos transferían a sus parejas una imagen de su experiencia con los demás, de la familia de su infancia. Esto, a su vez, cambió la forma de reaccionar de sus parejas, pues incidió en su propia historia. Con frecuencia las parejas adoptan una dinámica confusa y circular difícil de romper, en parte porque no son conscientes de los factores invasores.

Es un problema que aparece a menudo en el trabajo psicoterapéutico con las parejas. A ambos les resulta difícil internarse en esta atmósfera y decir algo parecido a «No sé en quién estabas pensando cuando me hablaste así, pero creo que no tenía nada que ver conmigo». Al igual que el niño pequeño cree a veces que su madre se ha convertido en la bruja Rebruja, y ella necesita recordarle que no lo es, en las parejas hemos de recordarnos en ocasiones quiénes somos. Hemos de decir «no» a que nos conviertan en algo que no somos.

JUNTOS PERO DIFERENTES

Salvar las diferencias con los demás es una lucha común a todas las edades. La capacidad de aferrarnos a nuestros sentimientos, de no ser invadidos por los ajenos, es esencial si queremos establecer una relación basada en la reciprocidad. Debemos estar lo bastante seguros de nosotros para decir «No, esto no va conmigo» a la imagen que nos presentan de nosotros, si creemos que no es veraz. Hemos de confiar en conservar nuestra posición de diferencia. Deberíamos ser capaces de decir «No; la verdad es que no quiero hacer eso», si no nos apetece. El problema de ser un individuo, de ser diferente, ha sido el tema central de este libro. Una forma de demostrar esta diferencia es decir «no» a los demás.

Las parejas han de salvar diferencias todo el tiempo. A menudo deseamos empujar al otro a adaptarse a un ideal, a que cumpla y comparta nuestras expectativas. Hemos comentado que nuestra historia influye en la forma de ver a los demás y a nosotros mismos. Por otro lado, repetimos hasta cierto punto pautas de relaciones que nos son familiares. Intentamos que los demás vean las cosas como nosotros. Para lograr la reciprocidad, una relación adulta ha de implicar a dos personas distintas que deciden estar juntas. Hablamos de lazos que nos atan, pero lo que facilita la auténtica proximidad es la libertad de elección. Debemos decir «no» al impulso de imponer nuestra ley, de amarrar al otro a nosotros o a nuestra imagen de él. Con el fin de acceder a la intimidad, debemos conceder libertad. Será entonces cuando podremos entablar un intercambio verdadero, de igual a igual.

CITAS BIBLIOGRÁFICAS

Epígrafe

1. F. BHOWNAGARY, «A mis hijos», *Poems*, Writers Workshop, Calcuta, 1997, p. 17.

Introducción

2. A. PHILLIPS, *On kissing, tickling and being bored*, Faber and Faber, Londres, 1993, p. xvi.
3. I. SHAH, *The exploits of the incomparable Mulla Nasrudin*, Pan Books Ltd., Londres, 1973, p. 26.

1. Bebés

4. R. TAGORE, «The crescent moon», en *Collected poems and plays of Rabindranath Tagore*, Macmillan, Londres, 1982, p. 57.
5. Estos estudios se describen en T. B. Brazelton y B. Cramer, *The earliest relationship*, Karnac Books, Londres, 1991.
6. W. R. BION, *Learning from experience*, Heinemann, Londres, 1962.
7. D. STERN, *The first relationship*, Harvard University Press, Cambridge (Massachusetts), 1977.
8. L. MURRAY y P. J. COOPER (editores), *Postpartum depression and child development*, The Guildford Press, Nueva York y Londres, 1997.
9. La intervención materna «bastante buena» es una idea acuñada por D. W. Winnicott y que reaparece a lo largo de toda su obra.
10. D. W. WINNICOTT, «Transitional objects and transitional phenomena», en *Through paediatrics to psychoanalysis*, Collected Papers, Karnac Books e Institute of Psychoanalysis, Londres, 1992, p. 238.

11. T. Hood, *The death bed*.
12. M. Klein, *Love, guilt and reparation and other works 1921-1945*, Hogarth Press e Institute of Psychoanalysis, Londres, 1975.
13. T. B. Brazelton, *Touchpoints*, Addison-Wesley Publishing Company, 1993, p. 233.
14. S. Fraiberg, «Ghosts in the nursery: a psychoanalytic approach to the problems of impaired infant-mother relationships», en *Clinical studies in infant mental health the first year of life*, Tavistock Publications, Londres y Nueva York, 1980, p. 164.
15. Brazelton, *op. cit.*

2. De dos a cinco años

16. R. Tagore, «The crescent moon», en *Collected poems and plays of Rabindranath Tagore*, Macmillan, Londres, 1982, p. 58.
17. B. Bettelheim, *Psicoanálisis de los cuentos de hadas*.
18. M. Harris, *Thinking about infants and young children*, Clunie Press, Pertshire, 1975, p. 45.
19. M. Sendak, *Donde viven los monstruos*.
20. *Young Minds Magazine*, Londres, octubre de 1996, p. 12.
21. D. Daws, *Through the night*, Free Association Books, Londres, 1989.
22. A. Tennyson, «In memoriam».
23. J. Tomlison, *The owl who was afraid of the dark*, Puffin Books, Harmondsworth, 1984.
24. F. Herbert, *Dune*.
25. A. de Saint-Exupéry, *El principito*.
26. *Ibíd.*
27. *Ibíd.*

3. Los años de la escuela primaria

28. R. Dahl, *Matilda*, Puffin Books, Londres, 1989, p. 69.
29. E. Holmes, «Educational intervention for pre-school children in day or residential care», en *Therapeutic Education*, vol. 8, n.º 2, agosto de 1980, p. 9.
30. B. Bettelheim, *Psicoanálisis de los cuentos de hadas*.
31. R. Britton, «The Oedipus situation and the depressive position», en R. Anderson (editor), *Clinical lectures on Klein and Bion*, Tavistock/Routledge, Londres y Nueva York, 1992, p. 40.
32. A. Phillips, *On kissing, tickling and being bored*, Faber and Faber, Londres, 1993, p. 72.

4. Adolescentes

33. K. Takeko, *The burning heart — Women poets of Japan*, traducido y editado por R. Rexroth e I. Atsumi, The Seabury Press, Nueva York, 1977, p. 69.

34. M. Waddell, *Understanding your 12-14 year old*, Rosendale Press, Londres, 1994, p. 69.

35. D. W. Winnicott, «Transitional objects and transitional phenomena», en *Through paediatrics to psychoanalysis*, Collected Papers, Karnac Books e Institute of Psychoanalysis, Londres, 1992.

36. D. W. Winnicott, «Adolescence-struggling through the doldrums», en *The family and individual development*, Tavistock Publications, Londres, 1965, p. 85.

37. W. Shakespeare, *Mucho ruido y pocas nueces*, acto II, escena III.

38. F. Dolto y C. Dolto-Totlitch, *Paroles pour adolescents — Le complexe du homard*, Hatier, París, 1989.

39. S. Sondheim, *Jet song*, de *West side story*.

40. J. Robertson, *Separation and the very young*, Free Association Books, Londres, 1989.

Epílogo: parejas

41. R. M. Rilke, «Réquiem por un amigo».

ÍNDICE ANALÍTICO

aborto 42, 61
aburrimiento 47, 153
acción, como respuesta a la desazón 44-46
acogidos, niños 116, 191, 204
acostarse, hora de 48-51, 78
    conflictos en la 135
actividades 155
adolescentes 175-220
    aceptar las diferencias 206-217
        extravío del camino 214-215
        realizar nuestros sueños 216-217
        uno de la banda 212-214
    búsqueda de la identidad 177-178, 180
    cambios de humor 179
    cambios de las apariencias 178, 215
    límites razonables 181-192
    logros de los 143-144
    mostrarse firme 185-187
    papel de los padres 187-192
    síntomas físicos 188
    una época de transformación 177-181
        hay un extraño en mi cuerpo 178-179
        hogar: una base segura 179-181, 214, 219
    una identidad diferente 193-206
        amor verdadero 200-202
        aprender de nuestros hijos 198-200
        razón de los padres 197-198
        sexualidad 203-206
    una segunda oportunidad 217-220
adoptados, niños 116
aflicción 60-62
agresividad 88, 91, 137, 208
    de dos a cinco años 100-101
aislamiento
    de la madre 49-50, 57-58, 186
    sensación en los adolescentes 178-179
alcohol, adicción al 196, 214
alojamiento, problemas de 191
amamantar 27-29, 39-42, 57
    y el destete 51-53
ambivalencia 140, 200

amigos
    conseguir sus propios 154, 173
    en la adolescencia 182, 194, 196, 207
amor 103, 141, 198
    verdadero 200-203
animales domésticos 154
anorexia 214
apoyo de familiares y amigos 35
apreciado, sensación de ser 169, 225
aprecio hacia el otro 103
aprendizaje
    cimientos del 33
    como el primer objetivo de la escolaridad 126
    de nuestros hijos 198-200
    y castigos 83
    y el temor al fracaso 145
aptitudes físicas 84
aptitudes para la vida 154
aptitudes sociales 67, 123
au pair, chicas 79, 197
autocontrol 126
autodisciplina 126
autoestima 47, 139, 181, 184, 199-200, 220
autoritarismo 84, 87, 170

bandas 212-214
Beatles, los 199
bebés 23-68
    como seres diferentes 33-34
    consuelo instantáneo 34-47
        acción y excitación 43-47
        comida 18, 38-43
        sueño 35-38
    contención desde un punto de vista emocional 25, 27, 67
    demasiado estimulados 24
    gruñones 45, 66
    interacción: armonía y discordancia 29-33, 67
    interpretar las necesidades 25-29
    llegada del nuevo bebé 113, 135

más allá de la ecuación madre-hijo 63-67
    padres y otros 63-64, 67
    puericultura 64-67
prematuros 24
respuestas sociales 23-24
sensibles al comportamiento y estado de ánimo de los que le rodean 24
señales de 25, 66-67
y el porqué es difícil decir «no» 54-62
    aflicción 60-62
    desenmarañar los sentimientos 57-58
    fantasmas en la habitación de los niños 59-60
    llanto 54-57
y la separación 47-54
    destete 51-54
    hora de acostarse 48-51
bebida 183, 196
bella y la bestia, La 71
Bettelheim, Bruno 134
    Psicoanálisis de los cuentos de hadas 72
biberón 28, 40-42
Bion, Wilfrid 25
Blancanieves 72
bofetón 83, 185
Brazelton, T. Berry 56-57, 63, 65
Britton, Ron 141
Buda 34
búho que tenía miedo de la oscuridad, El, cuento infantil 106

cambios físicos en los niños 178, 203-204
canguros 53, 123, 164
caparazón protector 86
caramelos y dulces 75, 79
«caras silenciosas», estudios sobre 30
castigos
    de dos a cinco años 82-83
    en los años de la escuela primaria 170-172
Cenicienta, La 71
centros de día 127
chupete 52-53, 78-79, 114
coherencia, problema de la 76-82
comida
    como consuelo 38-40
    de dos a cinco años 93, 108-109
    de los bebés 18, 27-28, 38-43
    límites a la hora de la 93
comidas, conflictos durante las 135
compartir, preparación para 115
comportamientos compulsivos 46
comprar, ir a 75-76, 84
comunicación
    de bebés
        armonía y discordancia 29-33
        comunicación emocional 66

        llanto de 54-57
        señales no verbales 25
        tiempo de respuesta 34
    de dos a cinco años 75-76
conciencia 134
confianza
    de los padres 170, 187, 190
    en la adolescencia 180, 220
    fomento de la 107
    y la llegada de un nuevo hermano 114
confianza en sí mismo 38, 126, 132, 225
conflictos, *véase* escuela primaria, años de la
consuelo, conseguir 80-81
«contención» del bebé emocionalmente 25, 27, 67
control motor 84
convenciones sociales 112
creatividad
    aprendizaje 94
    entumecida 153
    y decir «no» 68
    y los adolescentes 220
    y un espacio vacío 168
crecimiento espiritual 131-132, 188, 194, 200, 224
crecimiento físico 178
criaturas salvajes 17
cuchara, alimentación con 28
cuentos populares 34, 71-72, 96
culpa 163-169
    identificación de la madre con el hijo mayor 114-115
    sentimiento de 92
    sobrecompensación por los padres 163-164
    y el comportamiento destructivo 111
    y el llanto de un bebé 55
    y el trabajo 52, 164
    y la canguro 65
    y la comida 108
    y la conducta infantil de un padre 81
    y la espera 110
    y la ira 97
    y las posesiones materiales de los hijos 167

Dahl, Roald: *Matilda* 121, 152
Daws, Dilys: *Through the night* 105
deberes
    conflictos con los 135, 165
    de la escuela primaria 211
    y los adolescentes 184
    y los padres 144, 150, 165
    y televisión 165
decir no
    empezar a 31-32
    reticencia a 67-68
    si es producto de un desquite 171
    y la creencia en la energía y aptitudes de

ÍNDICE ANALÍTICO

los demás 17
delincuencia 191, 213-214
dependencia, de la interacción 46
dependencia, negar toda 84-86
depresión posparto 31
depresivas, enfermedades 214, 216, 218, 227
desarrollo 131-132
   en la adolescencia 177, 195, 209, 212
   obstaculizado 87, 92
   y los aspectos negativos de ciertos sentimientos 88
   y rebelión 169
desazón
   acción como respuesta a la 44
   de los padres 57
   y mecer al bebé 56
desempleo 191
desórdenes alimentarios 214-215
destete 51-54, 63
destreza manual 84
destructivo, comportamiento 102, 111
dificultades de aprendizaje 144-150
discapacitados, niños 115, 117
divorcio 166-167, 191
dolor, y llanto 55
Dolto, Françoise 203
dos a cinco años, de 71-119
   beneficios de los límites 92-95
      fortalecerse 94-95
      sentirse seguro 92-94
   fijar límites 74-83
      castigos 82-83
      problema de la coherencia 76-82
   límites cotidianos 103-113
      comida 108-109
      comportamiento destructivo 111
      espera 109-110
      modales 111-113
      separación 103-105
      sueño 105-108
   lucha contra los límites 95-103
      agresividad 100-101
      ira 97-100
      odio y amor 101-103
      padres como monstruos 96-97
      rabietas 95-96
   no decir nunca «no» 83
   nuestro lugar en la familia 113-118
      ayuda y apoyo 118
      cuando decir «no» es especialmente duro 115-118
      dejar sitio a los hermanos 114-115
   reino mágico, el 71-74
drogas, adicción a las 214

educación centrada en los pequeños 18
enuresis, y el nacimiento de un bebé 114
equidad 134, 171

escuchar a nuestro hijo 159-162
escuela primaria, años de la 123-173
   castigos 170-172
   conflictos 135-158, 173
      creciente independencia 153-155
      expectativas 142-152
      rivalidad entre hermanos 135-139
      ser diferente 156-158
      un sentido del tiempo 139-141
   normas en la escuela y en casa 125-134
      ¿es el mismo niño? 129
      no me trates como un niño 127-128
      razón y lógica 133-134
   nuestra respuesta a los conflictos
      culpa 163-164
      escuchar 159-162
      espejito, espejito 169-170
      permanecer en el presente 162-163
      un mundo nuevo 123-125
esforzarse 47, 88, 191
espacio vacío 68, 168
espera 94, 109-110, 140
estrategias 88, 107
estreñimiento 89-90
expectativas 142-152

familia
   aliento del proceso de aprendizaje del niño 152-153
   distanciamiento de los adolescentes 196
   jerarquía en la 118
   nuestro lugar en la 113-118
      ayuda y apoyo 118
      cuando decir «no» es especialmente duro 115-117
      y la llegada del nuevo hermano 114-115
   y el respeto del trato mutuo 138
fanfarrones, niños 84, 86, 92-93, 112, 160-161, 188, 215
fertilidad, problemas de 115
flexibilidad 94, 184
fortalecimiento 94-95
Fraiberg, Selma 59
Friends, teleserie norteamericana 190
fumar, en la adolescencia 183, 196

Golding, William: *El señor de las moscas* 17
guarderías 123, 126
   y el problema de la separación 103-105
Guía Infantil, clínica de 159

Harris, Martha 88
Herbert, Frank: *Dune* 107
hermanos
   adolescentes y 188, 193, 195, 207
   conflictos entre 135-139
   llegada de un nuevo hermano 114-115
   relación con los 63-64

Holmes, Eva 127
homosexuales, relaciones 204
Hood, Thomas: *The Feath Bed* 48
hospitales, visitas de los padres a sus hijos en los 218-219

identificación de los padres con los hijos 219
imaginación
    entumecida 153
    y un espacio vacío 153
incesto 203
independencia
    asfixia del desarrollo de la 32
    en la adolescencia 179, 193-194
    falsa 33
    semillas de la 38
    y la escuela primaria 129-130, 132, 153-155
individualización 219
inseguridad
    en la adolescencia 178-179
    en la escuela primaria 136
internados 127
ira
    al conocer las experiencias de tu hijo 159
    de dos a cinco años 97-100
    de los padres 83, 97, 190
    en la adolescencia 187
    y el llanto del bebé 54-55
    y miedo 99
irritación 199

Jack y las habichuelas 73
juego imaginativo 94-95
juguetes 167-168
justicia 134, 171

Klein, Melanie 53

límites
    beneficios de los 92-95
        fortalecerse 94-95
        sentirse seguro 92-94
    en la adolescencia 177, 183, 185, 191-193
    en la escuela primaria 123, 126, 171
    en los conflictos con los hermanos 136-137
llanto 54-57
lógica 133-134, 181

madre
    agotada 46, 49
    aislamiento de la 49-50, 57-58, 186
    cobardía de la 89
    comportamiento «incomprensible» de la 30
    no existencia de la «madre ideal» 31

    vuelta al trabajo 52-53, 64-65
    y la ayuda a construir relaciones 113
    y los modales 112
madre e hijo, relación entre
    y el niño despiadado y tiránico 31-33
    y los deberes 144
madres solteras 64, 84, 91, 107
madurez, sensación de 155
matrimonio, y un nuevo bebé 57, 59
mecanismos, adopción de 88
menstruación 178
miedo
    de la oscuridad 107-108
    e ira 99
minorías étnicas 152
modales 111-113, 123
motivados, sentirse 47
movimientos juveniles 199
muerte
    de un bebé 61-62
    vínculo con el sueño 48, 106
mundo que les rodea, explicación del 76
Murray, Lynne 30-31
música 36
músicos pop 199

Nasrudin, Mulla 18-19
necesidad, sentimientos de 42, 54, 58, 60, 82, 132
Neill, A. S. 18
niñas
    cambios físicos en la adolescencia 178, 205
    y los consejos sobre las relaciones sexuales 205
niñera 53
niños
    acogidos 116, 191, 204
    adoptados 115-116
    como criaturas salvajes 17, 100-101
    como páginas en blanco 17
    como seres buenos por naturaleza 18
    discapacitados 115, 117
    que han padecido malos tratos 116
normas 123, 125-128, 169, 172, 181-185, 192-193, 198, 207, 211, 215

observación infantil, curso de 26, 51
odio 141, 198
omnipotencia, sensación de 32, 85, 86-87
opciones, buscar otras 94
orinarse en la cama, *véase* enuresis

paciencia 94
padre
    celos por el nuevo bebé 57, 59-60
    indulgencia del 164-166
    papel del 63-64
padres

como intermediarios entre el niño y el mundo exterior 119
como monstruos 96-97
despojando a un niño de ser normal 151
disculpas a los hijos 83
ira y los 83, 97, 160, 190
papel de los 187-192
regresión de los 170
relación con los bebés 63-64
visita a los hijos en los hospitales 218-219
y el inicio de la escuela primaria 124
y el llanto del bebé 54
y la realización de los sueños 216-217
y la separación del hijo 104
y los deberes 144, 150, 165
papillas 42
parejas 223-228
juntos pero diferentes 228-229
sala de los espejos 225-228
«sí» como dádiva 223-224
pasado, impacto de nuestro 59, 82
pautas, dificultad de alterar las 42
percepciones 119
peso, falta de, en un bebé 57
Phillips, Adam 153
On Kissing, Tickling and Being Bored 17
posesiones materiales 168
prematuros, bebés 24
presiones, resistir 157
problemas matrimoniales 107, 141
profesores
expectativas de los 152
relación de los niños con los 123, 127, 130
psiquiátricas, enfermedades 214
puericultura 64-67, 164

rabietas 95-96, 128, 132, 139, 166, 189
razón 133
rechazo escolar 159
recursos, desarrollo de los propios 37-38, 119
reflejo del niño en su madre 169
regresión 128, 150, 170
regulaciones 123
reino mágico 33, 71-74, 102, 118-119
relaciones
aprender a entablar otras 118
con los hermanos 64, 135-139
con los padres 63-64
con los profesores 123, 127, 130-131
construcción de 113
modales y 112
positivas con los demás 220
sexuales 204-206
reprimenda 110, 171
responsabilidad 154-155, 188
Rilke, Rainer Maria: *Réquiem por un amigo* 221

rivalidad, y el cuidado del niño 53
Robertson, James 219
Robertson, Joyce 219
ropa 195, 199, 207, 209, 211
Rousseau, Jean-Jacques 18

Saint-Exupéry, Antoine de: *El principito* 112-113, 119
seguridad física 93
semiadulta, identidad 88, 170
Sendak, Maurice: *Donde viven los monstruos* 100-101
separación
de dos a cinco años 103-104
de los bebés 67
a la hora de acostarse 48-51
en el destete 51-54
y la guardería 65-67
en la adolescencia 219-220
en los años de la escuela primaria 123-124
investigación sobre la 219
seres diferentes 33-34
sexualidad 177-178, 203-206
Shakespeare, William 202
sobrealimentación 40, 42
Spock, doctor Benjamin 18
Stern, Daniel: *The First Relationship* 29
sueño
de dos a cinco años 77, 80, 105-108
de los bebés 18, 35-38, 48-51
y la muerte 48, 106
sufíes 18
suicidio, sentimientos de 215
Summerhill, escuela, en Suffolk 18

Tagore, Rabindranath
Cuándo y por qué 69
media luna, La 21
Takeko, Kujo 175
televisión
prohibición de ver 142, 208
y los deberes 165
Tennyson, lord Alfred 106
tiempo, un sentido del 139-141
trabajo, vuelta al 52-53, 65
trauma infantil 101, 116

vacío 68, 153, 167
violento, comportamiento 101

Waddell, M. 196-197
West Side Story, musical 212-213
Winnicott, D. W. 24, 31, 33, 197, 198

yo, desarrollo del sentido del 37, 107, 173

zumo de fruta, y el destete 51-53